Propiedad
de Dios -

Angie Duis
agosto /`...

Lucy Aspra

DIARIO ANGELICAL

editorial Sirio, s.a. - málaga

2ª edición: junio 1998

Portada e ilustraciones: Ana Zoebisch

©   Lucila Aspra Melara
       Campos Elíseos, 199, Dpto. 201
       Polanco
       México

©   de la presente edición
       EDITORIAL SIRIO, S.A.
       Panaderos, 9
       29005 - Málaga

I.S.B.N.: 84-7808-174-7
Depósito Legal: B. 28.888 - 1998

Impreso en los talleres gráficos de
Romanyà/Valls, Verdaguer 1, 08786 Capellades (Barcelona)

Al Arcángel Miguel,
que cambió mi vida.

Este es un diario donde tu Angel te habla cada día, y cada día te transmite un mensaje... es un medio para que empieces a acercarte a él... para que te diga Su nombre... para que le escribas si quieres... para que le hables... para que te unas a él... es un diario de los dos: tuyo y de tu Angel.

Es un diario para niños de 3 a 300 años...

Mi querido _____

Soy el ángel más feliz del Reino Angélico porque hoy has decidido empezar a escribirme. Te amo tan profundamente y te lo he susurrado en tantas formas diferentes, que yo sabía que este día llegaría.

Todos los ángeles me congratulan y celebran este gran día. Trata de escuchar con tu corazón, tiernamente, dulcemente, y oirás las risas de alegría de mis hermanos del Reino Angélico. Ellos también te aman y desde hoy también estarán más cerca de ti; cada día te sentirás más protegido por nosotros; y yo me manifestaré de muchas maneras, sólo debes poner un poco de atención, observar con los ojos de tu alma; verás que te daré muchísimas pruebas de que siempre, siempre, siempre estoy junto a ti.

Todos los días hay un pensamiento de mí para ti, y un espacio por si tú también quieres decirme algo. Yo estaré aguardando con el más grande amor cada vez que desees hacerlo; pero igualmente seré inmensamente feliz si alguna vez no tienes ganas de escribirme.

Me gustaría muchísimo que supieras mi nombre. Yo te lo transmitiré por medio de una meditación muy sencilla, que es preferible que hagas por la noche, cuando te dispongas a dormir. Deberás estar tranquilo y tener la seguridad de que yo me comunicaré contigo. Si no escuchas mi nombre en el momento del ejercicio, cuando despiertes una mañana lo sabrás; puede ser la misma mañana después de la meditación, todo depende de tu apertura hacia mí. Cuando termine esta carta te describiré el ejercicio y una vez que conozcas mi nombre, podrás escribirlo en nuestro diario después de cada mensaje mío para ti, y también podrás dirigirte a mí siempre por mi nombre. Ese nombre que escucharás o que recibirás mentalmente, es con el que quiero que me llames. Te digo esto porque muchas personas a veces esperan oír un nombre bíblico o alguno que suene distinto a su idioma; pero no siempre es así, nosotros usamos nombres sencillos. La vibración de mi nombre producirá efectos positivos en ti... También, al principio de cada mensaje, donde dice "Querido...", con un profundo amor te pido escribas por mí, tu nombre.

¿Sabes que cuando recibiste tu nombre, fue susurrado por mí?... Tiene una vibración que nos une más...

Cada vez que quieras hablar conmigo, lo puedes hacer; no es necesario que lo hagas siempre por medio de nuestro diario, aunque la comunicación mediante el diario reforzará nuestra unión. Yo siempre estoy junto a ti, y ahora que empezarás a pensar en mí, la luz que vas a proyectar me abrirá el espacio para acercarme más; te alumbrará tu propia luz y la mía y yo te mantendré cubierto con mis alas para que permanezcas siempre dentro de mi aura.

Recuerda siempre que te amo con el más grande y profundo amor; que hoy, todos los ángeles celebran este gran acontecimiento y quieren que te transmita este mensaje: "Somos tus amigos, te amamos, y siempre que nos necesites, sólo tienes que llamarnos para volar en tu auxilio"... Ahora... trata de sentir todo el amor que unidos, todos los ángeles te estamos transmitiendo... Tu Angel Guardián.

Ejemplos de pensamientos de amor para tu ángel:

"Mi querido ángel (su nombre) _____, gracias por cuidarme hoy; gracias por tu mensaje tan bonito. Por favor llévame, cuando esté dormido, a ayudar a los ángeles a limpiar el planeta y a cooperar en traerle paz, armonía y alimento para todos los seres humanos. Te amo _____
(Tu nombre)

Mi querido Angel _____ : Hoy sentí mucho Tu presencia y Te lo agradezco. Por favor ayúdame a ser mejor en mi casa. Me gustaría aprender a curar... ¿Tú crees que los angelitos podrían enseñarme en Su Centro de Curación Angélico?... Podría ser esta noche mientras yo duerma; si es la voluntad de Dios. Gracias, mi Angel Divino _____Te amo _____

Mi querido Angel _____ ¿Sabes que ya estoy seguro de Ti?... hoy me sacaste de ese apuro en que estaba metido... y sé que fuiste Tú... Gracias... Ya sé que yo sólo tengo que tratar de ser bueno siempre y Tú podrás acercarte más a mí. Cada día me siento más unido a ti. ¡Quisiera soñar hoy contigo!... También quisiera ir esta noche, mientras duermo, a que los ángeles me ayuden con mi tarea. Ya sé que Tú me estarás abrazando todo el tiempo. Gracias, Mi Bello Angelito. Te amo muchísimo _____

Mi querido Angel _____ : Hoy me siento un poco triste y quisiera sólo recostarme en tu pecho para que me consueles. Necesito que me des ánimo. Una vez que ya me sienta bien, mientras esté dormido, ¡ojalá me llevaras a consolar a muchas personas que sufren!... Gracias. Te quiero mucho, mucho, mucho

Mi querido Angel _____ : Hoy ha sido el día más feliz de mi vida. Ya sabes que _____ Gracias por todo, porque sé que por ti lo he logrado. Angel Bellísimo, te pido que hoy, mientras esté dormido, me lleves a estudiar a Tus aulas angelicales, porque quiero aprender más sobre muchas cosas. Gracias. Te amo mucho, mucho, mucho _____

14

Ana Zoebisch

Siempre he esperado este momento, y hoy que te acercas a mí, me regocijo y mi alma resplandece con más fulgor. Todos los ángeles están de fiesta y yo te abrazo más fuertemente para guiarte con amor, porque te amo.

Ahora... para escuchar mi nombre, sólo tienes que tranquilizarte, aquietarte y escuchar con tu corazón... Antes... respira profundamente tres veces, y mientras lo haces, piensa que estás inhalando aire fresco y dorado que emana de mi corazón angelical... Yo te abrazo y con profundo amor, te acerco a Mi pecho... Piensa ahora... que ves a muchos ángeles que transportan hacia ti todo el aroma del campo... Te bañan con las esencias más sutiles... Resplandeces y eres feliz... Ahora te susurraré Mi nombre... Escucha con el oído de tu alma... Te amo profundamente... Yo Soy tu Ángel de la Guarda y mi nombre es: _____

(anótalo aquí)

11 enero /2000

Hola mi querido angel Protector

Gracias por ayudarme a quitarme ese dolor interno que sentia en mi corazón. Yo se que tu me seguiras ayudando y a él le daras las palabras y gestos necesarios para que cambie su comportamiento para con su familia. Quitale de su corazón esa frialdad e indiferencia que hay. Dale mucho amor, amor.

Dmi te pediré salud para mi madre y bendiciones pora mi otro hijo. Tu sabes mis problemas economicos y de salud a tí ete los entrego. En tí confio

Te quiero mucho
Angel

Gracias, cariño mío, por comunicarte conmigo... Ahora, si tú quieres, puedes escribirme algo de tu experiencia... qué sentiste... recuerda que yo siempre estaré tratando de hacerte sentir mi gran amor por ti... y todos los días te dejaré una nota para que tú la leas... después, en la misma hoja, tú podrás anotar algo que quieras decirme... Cuando te vayas a dormir... todas las noches, trata de darle gracias al Creador por el día que termina... después... visualízame cubriéndote con mis alas y arrullándote. Yo Soy tu Ángel Protector.

....

....

....

....

....

....

....

....

....

....

....

....

....

....

....

Mi nombre es:————————————, Yo soy tu Ángel Guardián y pertenezco al Quinto Reino, una evolución paralela a la que perteneces tú. Tu evolución es la Humana y corresponde al Cuarto Reino. Mi misión es estar contigo siempre, no importa lo que hagas o dejes de hacer. Yo te amo profundamente y jamás te juzgo, sólo espero que poco a poco te encariñes conmigo y me permitas conducirte por el camino que nos llevará a casa, a la casa de Nuestro Padre... Ahora... si lo deseas, puedes escribirme algo... Yo siempre estoy esperando que te dirijas a mí, porque te amo con toda mi naturaleza angelical... Ven... ahora acomódate cerca de mi corazón y siente cómo te baño con mis rayos divinos. Tu Ángel Guardián.

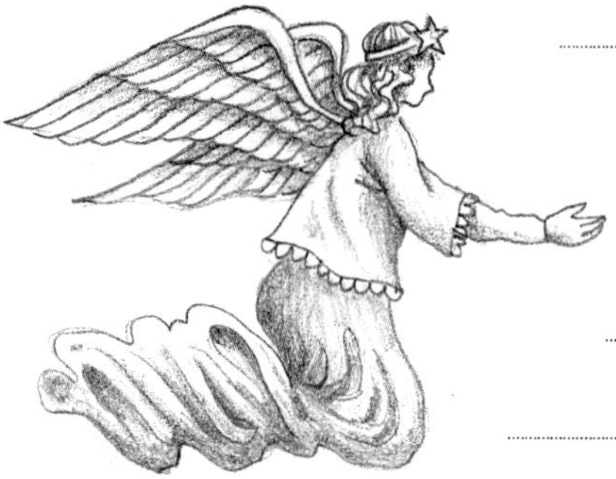

Esta noche soñarás con los ángeles, porque todos quieren abrazarte y decirte cuánto te agradecen que te acerques a mí. Hay fiesta en el cielo celebrando tu bienvenida. Me haces tan feliz... porque ¿sabes?... Yo siempre estoy contigo, a tu lado; pensando constantemente en ti; esperando que te acuerdes de mí. Siempre me encontrarás cuando me busques, porque siempre estoy listo para sacarte de apuros, para ayudarte en todo. Pero hoy soy más feliz porque para que yo pueda hacer todo lo que quiero hacer por ti, tú tienes que estar conmigo. Para que tú estés conmigo tienes que pensar en mí; hablar mentalmente conmigo; pedirme que te guíe, recurrir a mí cada vez que tengas un apuro. Por eso, ahora que comienzas este diario, estarás conmigo y yo podré darte todas las bendiciones que tengo reservadas para ti. Te amo profundamente. Tu Ángel de la Guarda.

Cada día te dejaré unas palabras escritas para recordarte que mi amor por ti es más grande que todo lo que puedas imaginarte. Te amo sinceramente, y nada podrá impedir que te ame así durante toda la eternidad. No importa lo que hagas, yo siempre te amaré, y siempre estaré esperando que tú también me ames a mí. Aguardaré todo el tiempo que sea necesario porque sé que algún día tú y yo nos fusionaremos en un amor tan profundo que no se sabrá quién está actuando, si tú o yo... Cuando quieras algo... sólo tienes que participármelo... Y cada vez que desees pedirme algo a mí o a cualquier otro miembro del Reino Angélico, puedes hacerlo así: "Mi querido Angel, te ruego me ayudes a lograr _____ , siempre que sea la voluntad de mi Padre, pues no quiero imponer mi deseo. Sólo quiero aquello que me permita evolucionar, aquello que me acerque a Dios. Gracias Mi querido Angel " Ahora, ven... acomódate en mis brazos... y permanece con esta imagen todo el tiempo, porque Yo siempre velo por ti... Te amo profundamente. Tu Angel Guardián.

En estos recados, donde te manifestaré cuán grande es mi amor por ti, también te iré dando un poco de información sobre cómo somos los ángeles, y también sobre algunas cosas que quizás desconozcas y tienes ganas de saber; pero recuerda una cosa: no es necesario que creas lo que te digo; usa únicamente lo que te sirva, lo que acepte tu lógica; y lo demás, guárdalo sólo como información. Yo trataré de transmitirte estos conocimientos de modo que puedas formarte una idea general, porque antes que nada, debo decirte que tú ya todo lo sabes, pero lo tienes muy guardado en tu subconsciente... ahora con este recordatorio poco a poco florecerán los recuerdos... Hay una cosa que sí debes creer... y te lo estaré diciendo todo el tiempo... continuamente... constantemente... que te amo sincera y profundamente con toda mi naturaleza angélica... Notarás que al dirigirme a ti, siempre te hablo como a un infante, como a un niño pequeño; esto es porque tú estás desarrollándote bajo mi amorosa supervisión. Tu Divina Alma salió del seno de Nuestro Padre, millones de años (de tu tiempo) después que yo hubiera salido, por eso no tiene importancia el tiempo de tu cuerpo físico: tú eres mi niño a quien protejo, guío y amo con toda la intensidad de mi alma angelical... Ahora ven... deja que te abrace... que te cubra con mis alas... porque siempre quiero protegerte. Tu Ángel Guardián.

Hay algunas personas que han dejado su cuerpo físico y están en un mundo distinto al plano material denso en el cual tú te hallas; ellos a veces se convierten en protectores invisibles y ayudan a las personas cuando están ante un peligro. A veces, permanecen mucho tiempo junto a los que formaron parte de su familia en la vida que acaban de completar; pero ellos no son los ángeles Guardianes. Yo soy tu Ángel Guardián y nunca me separo de ti. Muchas veces, también, cuando alguien reza siempre por otra persona, o le manda pensamientos de amor, sus intenciones buenas van adquiriendo forma, y casi siempre esas formas parecen ángeles que protegen a la persona por quien se está rezando o a quien se están mandando los buenos sentimientos. Estos tampoco son ángeles de verdad, porque estas formas pueden llegar a desintegrarse si se deja de rezar o mandar la energía amorosa... Por eso, siempre hay que rezar y mandar pensamientos de amor noble a las personas queridas, porque así siempre estarán protegidas. Tú puedes pedirme a mí que hable con el Ángel Guardián de otra persona para cubrirla de amor. Naturalmente que si la otra persona no se abre a nosotros, todo será más difícil que si nos proyectara un poco de luz. Te amo sin condiciones y te amaré eternamente. Tu Ángel.

Cuando el sacramento del Bautizo es impartido al niño, la ceremonia que realiza el oficiante, sea de cualquier religión o laico, tiene por objeto la formación de una coraza de luz alrededor del que recibe el sacramento; esta armadura, cuya fuerza dependerá de la fuerza del pensamiento del oficiante, semeja un Ángel custodio y su función es cuidar el funcionamiento del cuerpo físico del receptor del sacramento; pero esta forma creada no es tu Ángel de la Guarda. Este es un impulso benéfico al que todos los seres humanos tienen derecho; es una concesión Divina que se da para activar la esencia del Ángel de la Presencia. Yo soy tu Ángel de la Guarda y habito el Quinto Plano, Yo soy la personificación de tu Alma... Yo he aceptado voluntariamente permanecer a tu lado hasta que asciendas hasta lo que se conoce como la Cuarta Iniciación. Yo te amo intensamente y jamás me separo de tu lado... Acércate a mí y nunca sentirás dolor... Ahora... ven... escríbeme tus inquietudes... pregúntame todo lo que quieres saber y esta noche... y en sueños... recibirás mis respuestas... Te amo con toda mi naturaleza angelical... Tu Ángel Guardián.

El Ángel de la Presencia, cuya esencia se activa en el Bautizo, es una forma que se crea a través del tiempo, por medio de todos los pensamientos, sentimientos, palabras y acciones positivas de una persona. Aunque, realmente no es tu Ángel de la Guarda, siempre te motiva para que todo lo que sale de ti sea positivo, porque todas las formas creadas en los mundos sutiles, después de recibir determinada cantidad de energía, actúan de forma independiente y saben que para subsistir requieren que se les alimente continuamente de la misma energía. Esta forma angélical es el representante de tu respuesta a todas las direcciones que emanan de mí, desde el Mundo Causal. De la misma manera que existe esta forma que conjunta toda la energía positiva de una persona, hay otra forma que reúne todos los pensamientos, sentimientos, palabras y acciones negativas del individuo. A esta forma se le conoce como el Guardián del Umbral, diablo o espíritu tentador... Tú no debes temer nunca cuando estás conmigo... porque Yo soy tu Verdadero Ángel de la Guarda... y siempre estoy contigo... No existe nada en el Universo que me pueda separar de ti... Se me conoce también como el Ángel Solar... Y Soy el Ángel que guía tu evolución... Ahora ven... ven muy cerca de mí... apoya tu cabeza en mi corazón y siente el profundo amor que siento por ti... Te amo. Tu Ángel Guardián.

Tu Angel de la Presencia es la personificación del grado de influencia que logro ejercer en ti. Cada vez que tú actúas positivamente, ello es un gran logro para mí, porque represento la "voz de tu conciencia". La materialización de todo lo positivo, en los planos sutiles, adquiere siempre la forma de un ser alado de mágica belleza, por eso, el Angel de la Presencia es la presencia junto a ti, de todos tus pensamientos, sentimientos, palabras y obras positivas. A medida que el ser humano adquiere más espiritualidad, se incrementa la esencia de la que se nutre su Angel de la Presencia; con esto va adquiriendo independencia para obrar con más libertad. En tu Angel de la Presencia se refleja todo lo que tú eres, si es bello y de gran luminosidad es porque tu Verdadero Angel Guardián, que soy Yo, ha podido acceder a tu corazón. Las personas que no responden a la voz de su Angel Guardián, que practican poco lo positivo, no producen la esencia necesaria para que pueda desarrollarse su Angel de la Presencia; así se ven envueltos en muchas situaciones desagradables y es por esto que se dice que no tienen Angel de la Guarda... Recuerda que cada vez que piensas en mí, abres una puerta para que nos comuniquemos y así puedo sugerirte muchas maneras para que obres positivamente... y a medida que esto suceda tú mismo comprobarás que tu vida va tornándose más feliz... Y es todo lo que yo quiero... que tu vida esté siempre llena de felicidad para que puedas enseñar a otros cómo lograrla... Ven ahora, mi amado protegido... pon tu cabeza aquí cerca de mi corazón... porque te amo profundamente. Tu Angel de la Guarda.

Yo soy tu Ángel de la Guarda. Yo soy el Impulsor de tu evolución. Yo soy quien, por cuyo medio, Dios en ti, proyecta espiritualidad a tu personalidad. La Esencia de mi vida es la fraternidad y ésta no existe sin sacrificio, por eso mi misión de amor y sacrificio la realizo gozosamente, porque he hecho a Dios un voto inquebrantable de entrega a ti. Yo soy tu Ángel Solar, porque procedo de tu Sistema Solar. Vivo en tu corazón desde el día que nació tu alma; Yo soy la personificación de tu alma. En tus momentos difíciles, tensos, de soledad o de gran amargura te infundo un sentimiento de dulzura y esperanza; te envío mensajes luminosos de paz, de tranquilidad, y de profundo consuelo. Cada día de tu vida, se acorta la distancia entre tú y Yo, porque no importa lo que pienses, sientas, digas o hagas en este momento, algún día me aceptarás y te entregarás completamente a mí, para que yo pueda guiarte, protegerte y ver por ti... y yo aguardo con paciencia ese momento porque te amo con un amor tan grande y profundo que jamás podrás imaginarlo. Es tan grande mi amor por ti que no existe nada en el mundo capaz de lograr que yo deje de amarte, porque lo que amo en ti es tu Verdadera Esencia: amo a Dios, Nuestro Padre, que vive en ti, y al estar junto a ti, soy Uno con Dios en ti. Yo soy el Ángel que vela por ti. Yo soy tu Ángel de la Guarda.

Cada vez que piensas en mí, estás hablando conmigo. Si me visualizas con frecuencia, estaremos más compenetrados y podrás escucharme mejor. Además, cuando piensas en mí, emites un resplandor tan bello, que automáticamente atraes a los ángeles que están buscando a personas con ese fulgor, porque son más receptivos. Les transmiten muchos mensajes, y esas personas a la vez los transmiten a la humanidad. Con un esfuerzo de voluntad puedes mantener esa luz emanando de ti siempre, y de esa manera, puedes convertirte en colaborador de los ángeles. Ven... acércate a mí, te tengo muchísimos mensajes de Amor... Hoy cuando te duermas, te llevaré para que conozcas a muchos de mis hermanos ángeles, porque ellos quieren decirte cuánto te agradecen por todo el espacio que has empezado a iluminar. Tu Angel que te ama.

....

....

....

....

....

....

....

....

....

....

Ana Zoebisch

Todos los seres humanos deberán recorrer el camino de regreso a Dios. Nadie puede hacerlo por ti; Yo puedo ayudarte y sugerirte formas para que ese camino se te facilite, pero la forma más fácil es sembrando Amor. Llegarás al Padre por ti mismo, no por lo que los demás hacen. Pero recuerda una cosa: jamás pienses que estás solo, porque yo te acompaño constantemente; no importa dónde estés, yo nunca me separo de ti. Además, nunca debes dudar cuando te comunicas conmigo; Yo siempre estoy cuidándote y nunca permitiré que nada negativo se acerque a ti. Debes mantener tu atención en las cosas buenas, nobles. Si tienes temores, angustias, depresiones, envidias, etc., puedes atraer entes invisibles que manejan esa vibración y ellos tratarán de obsesionarte con esos mismos pensamientos negativos. Haz el propósito de desechar cualquier pensamiento discordante que llegue a tu mente. El pensamiento negativo puede llegar, pero tú no tienes que albergarlo. Recurre a mí siempre que te asalten esos pensamientos, yo te susurraré pensamientos bonitos, que manejen lo contrario a lo que quieres desechar; porque para acabar con un pensamiento negativo deberás pensar en el opuesto positivo. Por ejemplo: si hay pesimismo, pensar y tratar de visualizar que se está optimista. Si se piensa con impaciencia, pensar y actuar con la paciencia... Ahora.. ven, ya acuéstate, cariño mío... acomoda tu cabeza en mi regazo... yo acariciaré tus cabellos... Visualízame siempre protegiéndote con mis alas extendidas sobre ti. Te amo profundamente. Tu Ángel de la Guarda.

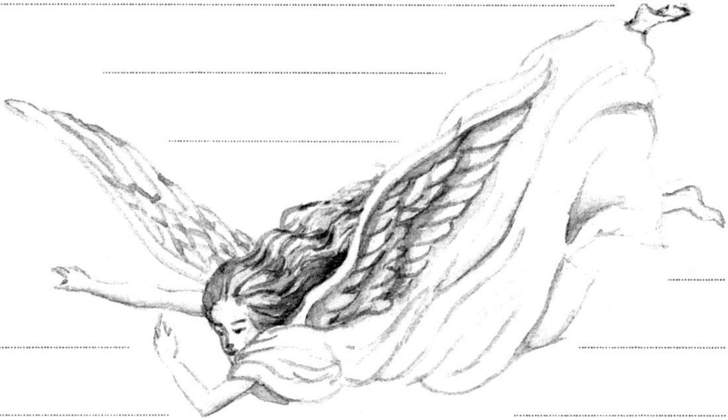

El Amor es lo más bello del mundo. Dios es Amor y es todo lo que existe. Tú y toda la creación de tu Sistema Solar sois una emanación del Rayo del Amor. Esto quiere decir, que la esencia primordial con que se "fabricó" tu Sistema Solar está impregnada de todas las características del Amor-Sabiduría; por eso es tan importante que todos los seres humanos desarrollen el amor en esta fase de su evolución. Hay otros Sistemas donde se están desarrollando otras características y el amor, si aún no lo han desarrollado, les tocará después. En tu planeta, en el Reino Animal, un reino inferior al humano, Dios ha puesto un ejemplo para que comprendas cómo se ama sin condiciones: el perro. El perro ama a su amo sin importarle si es rico o pobre, hermoso o feo, limpio o sucio; no le importa si le da de comer o no, él lo ama. Ama sin sabiduría, y el hombre deberá amar sabiendo que está amando a Dios dentro de su prójimo. Trata de amar a todo ser viviente y serás completamente feliz... Me agrada muchísimo la armonía que producen tus emanaciones mentales cuando tienes la seguridad de que yo te amo... Piensa siempre así, porque mi amor por ti es más grande que cualquier cosa que puedes imaginar... Escríbeme un pensamiento cariñoso, si te place... después ven a acurrucarte en mis brazos para que te arrulle... Te quiero con toda mi alma Angelical... Tu Angel Guardián.

Los ángeles hemos aprendido a amar sin condiciones: amamos a todos los seres humanos, sin fijarnos en su actitud; y tú estarás listo para ser un Ángel cuando ames a Dios en ti y a Dios dentro de cada ser; pero ese amor deberá ser completo, sin reservas; deberás amar a la persona que a los ojos de todos cometa los actos más abyectos, de la misma manera que ames a la persona más querida para ti. Yo te amo con toda la intensidad de mi alma angelical. Ahora, dime cómo te sientes hoy, quiero compartir siempre tus alegrías y todo lo que te mortifica... escríbeme todo si lo deseas; recuerda que yo soy parte de ti... Cuando despiertes mañana, trata de pensar en mí, y recordarás lo que esta noche te diré en sueños. Será un mensaje de Amor, porque yo te amo sincera y profundamente. Tu Ángel que siempre te cuida.

Si guardas rencor en tu corazón, tu aura se cubre de una obscuridad densa y no permite pasar la luz de amor que todos los ángeles te proyectamos. Debes perdonar a todos los que crees que te han ofendido y enviar amor a los que tú has ofendido. Las personas que no aprenden a perdonar, obstruyen los centros de energía que tienen en su cuerpo: estos centros que llaman "Chakras" están en un cuerpo al que se denomina cuerpo pránico, vital o doble etérico. Es igual al cuerpo físico pero está hecho de una materia más sutil que la del cuerpo físico, y está interpenetrado a éste, no sobrepuesto. Los Chakras tienen correspondencia con los órganos vitales del cuerpo físico, y si se obstruyen, la energía que reciben del Cosmos, a la que se le llama Prana, no puede procesarse correctamente para animar al cuerpo físico, por lo que éste llega a padecer enfermedades que pueden ser graves. Los centros de energía del doble etérico se ven perjudicados con todo tipo de pensamientos, sentimientos y actos perniciosos... Cuando se aprende a amar, es fácil perdonar... porque se comprende que no existe la ofensa, sino que es una actitud descuidada de un alma en desarrollo... Ama y proyectarás luz... Cuando la luz te alumbra yo puedo manifestarme mejor... Ahora... ven porque quiero arrullarte para que sigamos conversando en tus sueños... Tu Angel que te ama.

Trata de decir siempre cosas bellas; cosas que no molesten los oídos del que las escucha. La palabra es el pensamiento hablado y tiene el poder de crear; activa la energía que producen las circunstancias; por eso se dice que "el sonido amalgama las moléculas". Dios dio al hombre un centro de poder, que está en la garganta, y es importante que comprendas que la palabra, el sonido, es uno de los métodos más poderosos para que los pensamientos y sentimientos se conviertan en cosas; por medio de la palabra hablada o formada mentalmente, el deseo es bajado al mundo físico. Nunca verbalices lo que no quieres que se convierta en realidad; no digas palabras groseras porque su energía discordante flotará alrededor tuyo y eventualmente puede caer sobre ti... Recuerda que la energía se convierte en materia... Ahora... ven cariño mío... No quiero que sientas que estoy tratando de darte sermones... sólo quiero que comprendas que las cosas que les suceden a las personas son provocadas por ellas mismas... pero tú estás siempre conmigo... te protejo siempre... y no olvides que te cuido también cuando duermes. Todas las noches, al cerrar tus ojos, visualízate apoyando tu cabeza en mi regazo y a mí cubriéndote con mis alas. Te amo profundamente. Tu Ángel de la Guarda.

Todos los Seres de Luz que ahora somos Angeles, también hemos pasado por la experiencia evolutiva de los mundos físicos, y aprendimos a dominar la materia. Sabemos lo difícil que es caminar en el mundo material y comprendemos el esfuerzo de cada ser humano. Queremos ayudaros. Nosotros también recibimos ese apoyo cuando experimentábamos en los planos físicos. Ahora, la evolución del Planeta Tierra se lleva a cabo bajo Nuestra amorosa Supervisión y queremos estar cerca de vosotros para facilitaros vuestra estancia aquí. Nunca os apresuraremos ni os juzgaremos porque sabemos que algún día os acercaréis a nosotros y nos daréis la mano... Tú me has hecho muy feliz porque ya has permitido que yo entre en tu vida... Y sé que cada vez estarás más cerca de mí... Ahora yo soy quien te guía; y no deberás temer nada nunca. Siempre estoy cubriéndote con mis alas. Siempre te protejo... Si quieres, escríbeme algo... después... ven cerca de mí para darte una efusión de mi gran amor. Tu Angel de la Guarda.

....

....

....

....

....

....

....

....

....

....

....

....

....

....

....

....

Todo vibra en el Universo; nada es estático...
Todo está en constante evolución... Y todo el Universo está compuesto de la misma esencia primordial que cambia de aspecto según la frecuencia a la que vibra; por eso se dice que "el espíritu es materia en su más alto estado de sutilidad y la materia es espíritu en su expresión más densa". Todos los planos son de la misma esencia, pero cada uno vibra a diferente frecuencia. Todos los mundos invisibles están poblados por seres que vibran en su frecuencia, de la misma manera que tu cuerpo físico vibra a la frecuencia del plano físico denso. Y estos mundos invisibles son tan objetivos para los seres que los habitan, como el planeta Tierra lo es para ti. Si tú lograras entrar a esos mundos, se volverían, para ti, tan objetivos como la Tierra; pero para que esto suceda mientras tienes cuerpo físico, tendrías que contactarlos subiendo a esos planos de forma mental; con

tu esfuerzo personal; practicando la espiritualidad por medio de meditaciones y oraciones... Manteniendo tu mente, con asiduidad, en esos planos... hablando mentalmente con Dios, con los Seres de Luz... A medida que te acostumbres a estar en comunicación conmigo será más fácil que puedas visualizarme... recuerda que quien presta atención al plano superior, es el cuerpo que corresponde a ese plano; por lo tanto, al usar tu cuerpo superior tus átomos empiezan a girar más velozmente, se friccionan al hacerlo y empiezas a proyectar la luz necesaria para quitar la densidad que pudiera estar obstruyendo tu vista... Acércate a mí... visualízame siempre muy cerca, muy cerca de ti... Tú en mis brazos... Yo te llevo... quitando los escombros que pudieran estorbarte... porque te amo con toda la profundidad de mi alma angelical. Tu Ángel Guardián.

La diferencia entre un plano y otro, es la frecuencia a la que vibra. El plano más elevado vibra más rápido, y el más bajo vibra más lento. Cuando te acostumbres a enfocar tu mente en los planos superiores, empezarás a tener manifestaciones de que sí existen, aunque no los veas con tus ojos físicos; podrás empezar a verlos con los ojos de tu alma. Nosotros estamos en planos que vibran muy rápido y vibramos a la misma velocidad. Claro que cuando accedas a nuestros planos, nos verás casi estáticos, como ves las cosas en tu mundo físico; y ello se deberá a que tú estarás vibrando igual, habrás subido tu frecuencia vibratoria... Yo sé que al principio es difícil, pero poco a poco... con sistema... de una forma gradual... si tú quieres... podrás empezar a subir tu frecuencia y yo bajaré la mía para encontrarme contigo en un plano sutil; así podrás verme. Pero aunque no me veas, ten la seguridad que yo Estoy cubriéndote siempre con mis alas, y si pones un poco de atención, podrás sentir el resplandor que proyecto sobre todo tu espacio. Yo puedo acercarme más a ti cuando tú irradias Luz, y la Luz se logra ayudando a otros... Ven... cariño mío... confíame todas tus inquietudes... luego duerme plácidamente porque yo te cuido. Te amo profundamente. Tu Angel Guardián.

Ana Zoebisch

Siempre que Yo te explique algo, deberás recordar que lo Estoy estructurando para poder transmitírtelo mejor; las cosas no son tan limitantes; los planos invisibles o sutiles y todo lo que a ellos pertenece tienen una vastedad universal; el tiempo y el espacio como tú los conoces, pertenecen al mundo físico. Las dimensiones, en los mundos sutiles, adquieren otra interpretación. Ahora, quiero explicarte lo de tus cuerpos, pero siempre ten en consideración lo que acabo de aclararte: Se dice que el hombre es septenario porque tiene siete cuerpos, aunque en realidad hay más que éstos, pero en la etapa evolutiva de tu planeta, son los que nos conciernen. Tienes un cuerpo para cada uno de los siete planos del planeta Tierra; cada uno de esos cuerpos está construido con la misma esencia del plano al que corresponde, y cuando quieres enfocar tu atención en un plano determinado, usas el cuerpo que tiene la "substancia" que vibra a la frecuencia de ese plano. Esto indica que para acceder a cada plano deberás activar el cuerpo que está hecho de la sustancia de ese plano y para activar el cuerpo sólo tienes que poner tu atención en el plano en cuestión. Por eso, cuando pones tu atención en mí, estás usando el cuerpo que corresponde al Quinto Plano, o de arriba para abajo: tu Tercer Cuerpo, que es donde vive tu alma y forma parte de la Triada Superior, es Inmortal. A este cuerpo también se le conoce como Cuerpo Causal, cuerpo Mental Superior o Mental abstracto. Yo también tengo Mi atención siempre puesta en este plano.... No quiero que te sientas confundido con estas explicaciones... otro día las seguiremos... Ahora... ven a mis brazos... recuerda que cada vez que te sientes débil, que las fuerzas te abandonan... sólo tienes que pedirme que esa noche te lleve a un Centro de Sanación Angélico. Allí los ángeles sanamos y cargamos de energía a los que con ternura nos lo piden. Recuerda cuánto te amo. Tu Angel que te cuida.

Todos los planos, esferas, mundos, o niveles son como estados de consciencia, y cuando te acostumbres a usar el cuerpo que corresponde al Quinto Plano, que es donde Yo Estoy, ese cuerpo empezará a manifestarse con mayor frecuencia: Es el Cuerpo de la Causa de tu existencia. Se le llama muchas veces "Cuerpo Causal" y es el cuerpo que alberga a tu alma. Estoy usando las palabras más conocidas dentro de este tema, pero las palabras cambian según la filosofía; como dicen: "es sólo cuestión de semántica". Distintas filosofías manejan otras constituciones del cuerpo del hombre, pero todas se resumen en que dentro del ser existe la Verdadera Esencia que es su Espíritu, y el Espíritu es Triple o Trino y se conoce como la Triada Superior o Santísima Trinidad... Yo formo parte de tu Cuerpo Causal... Yo Estoy contigo... Mi aura está alrededor de ti... junto a ti... interpenetrando todas tus células... y no te abandono ni un solo instante. Piensa siempre en esto y trata de visualizarte cubierto con luces de un dorado esplendoroso. Yo te baño con los rayos del Amor Divino. Tu Ángel que te ama.

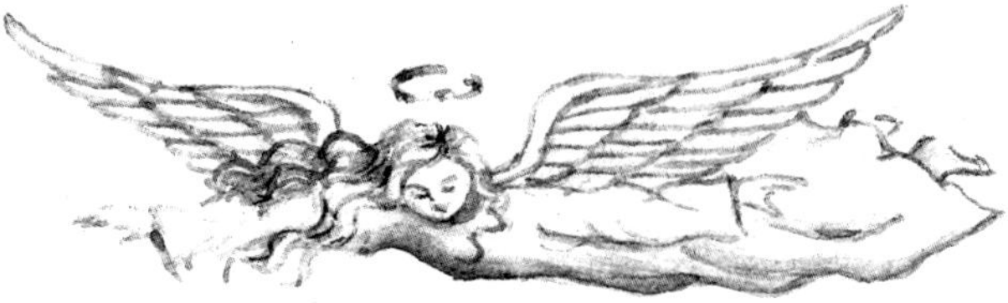

Muchas personas del mundo físico, a veces usan substancias narcóticas porque creen que así podrán acceder a los planos elevados donde habitan los Seres de Luz; pero no se llega a los planos elevados con medios artificiales. Cuando por medios distintos a la entrega devocional, la oración, la meditación y la adoración se pretende contactar con el lugar donde habita el alma, sólo se llega a un sub-plano del mundo astral. El mundo astral está poblado por distintos tipos de habitantes, y muchos de ellos sienten placer al engañar. En el mundo astral, los pensamientos y sentimientos son visibles e interpretables para sus habitantes; por lo tanto, si llega allí un inexperto, es fácil presa para las entidades sin escrúpulos que están a la espera de ingenuos. Debido a la sorprendente ductilidad de la substancia que forma este plano, las entidades que allí residen pueden tomar la forma que deseen con el solo impulso de su pensamiento, disfrazándose así de "maestros", "familiares", "seres alados" o de lo que quien allí penetra espera encontrar... Ahora... ven... acércate a mí... no temas nunca nada... recuerda que el temor lo infunde la ignorancia... a medida que vayas comprendiendo las cosas se te quitará el miedo... además... Yo siempre Estoy junto a ti... siempre te cubro con mis alas... porque eres mi protegido y te amo inmensamente... ven a mis brazos... duérmete mientras te arrullo... Te amo profundamente. Tu Angel Guardián.

En el mundo que con tu cuerpo físico habitas, se dice que los ángeles hemos sido emanados de Dios en pureza y sin posibilidad de pecar; esto es Verdad, y esta ley se cumple con todo lo que sale del seno de Nuestro Padre; pero la ley de la Evolución contempla la caída en la materia de todos los hijos de Dios, contempla también el dominio sobre la materia o ascenso Divino y contempla el eventual regreso al lugar de donde hemos salido: la casa de Nuestro Padre. Los ángeles, igual que los seres humanos, también somos hijos de Dios, y Dios, Nuestro Padre, es la Justicia Divina, y da lo mismo a cada uno de Sus hijos... Cada hijo de Dios está en una etapa distinta de su evolución... pero todos, por ley del Cosmos, ascenderemos... Tú, día a día, estás evolucionando... Y ahora que te has acercado a mí, te bañaré con una sublime emanación que te ayudará a ascender con mayor rapidez... Ven ahora cerca de mí... escríbeme un pensamiento si te place... Yo siempre aguardo tus notas... Luego... pon tu cabeza sobre mi pecho... descansa un rato porque después, mientras duerme tu cuerpo físico, iremos a llevar alegría a muchos niños... Te amo profundamente. Tu Ángel Guardián.

Nosotros también hemos transitado por mundos de materia compacta, con densidad distinta a la de la Tierra, pero materiales; ahora estamos en peldaños arriba de los seres humanos, pero seguimos evolucionando y ascendiendo. Mientras caminábamos en esos planos aprendimos a entregar a Nuestro Padre nuestro Libre Albedrío, y ahora todo lo que hacemos responde a Su Divina Voluntad. Si Yo no hubiera transitado tu mundo no sabría comprenderte, no conocería lo difícil que es caminar en el plano físico; y es debido a esta experiencia que nunca te juzgo, que te amo inmensamente y siempre estoy junto a ti para levantarte si llegaras a caer. Cuando sientas los días lentos y difíciles, piensa en mí y visualízame llevándote en brazos y llenándote de Bendiciones. Recuerda que no existe nada en el mundo en que yo no pueda ayudarte; sólo tienes que acercarte más a mí y contarme todo; verás cómo intervendré para que se vayan solucionando todas las cosas que te aquejen. Nunca te abandono y quiero que confíes en mí. Te amo profundamente. Te comprendo y siempre te ayudaré. Tu Ángel Guardián.

Dentro del corazón de cada ser humano está su Verdadera Esencia, su verdadero Instructor, su verdadero Maestro, su verdadero Gurú, su verdadero Genio. Los cuentos de hadas han guardado siempre este mensaje... Los príncipes, los genios y los seres maravillosos de esas historias representan a tu Divina Esencia. Activa tu corazón y aparecerá la Luz de tu Esencia: Dios en ti. No necesitas buscar fuera para comunicarte con él... porque está dentro de ti... Todo lo que puede proporcionarte luz, amor, paz, felicidad, sabiduría y riqueza está en ti... Cuida cada uno de tus pensamientos para que sean positivos siempre, porque así tus sentimientos se ajustarán a tus pensamientos y tus acciones te engrandecerán. Piensa en Cristo que está dentro de ti y ámalo; cuando aprendas a amarlo sabrás amar a Cristo en cada uno de tus hermanos... Ahora descansa... Ven a mis brazos para que te arrulle... esta noche mientras se repone tu cuerpo físico... te hablaré más sobre la Divinidad que en ti mora... te amo profundamente. Tu Ángel Guardián.

....

....

....

....

....

....

....

....

....

....

....

....

....

....

....

Con los ruidos se dificulta el progreso y el equilibrio del Ser. Los sonidos discordantes y los que provienen de instrumentos de percusión son de baja frecuencia vibratoria y no elevan el espíritu. Para el desarrollo espiritual, practicar el silencio es primordial. El silencio que sabe guardar un ser humano, en el momento oportuno, demuestra su grado de desarrollo. Cuando se levanta la voz más de lo necesario, se hieren las vibraciones sutiles de la substancia que rodea tu mundo. Sólo con el silencio podrás escuchar tu voz interna; es la Voz del Silencio, la Voz de tu Alma. Para orar, que es hablar con Dios, entra en tu habitáculo interno, que es tu corazón, y con la puerta cerrada, que es cerrar tus sentidos a los ruidos y a todo lo que sucede en el exterior, ora a tu Padre en secreto, esto significa que no es necesario pregonar que hablas con tu Padre. Dios está en ti y en cada uno de los seres humanos. Está en mí y en cada uno de los ángeles. Habla con Dios todos los días y dile cuánto lo amas. Yo te enseñaré a comunicarte con Dios... Ven... Acércate más a mí, cariño mío... Háblame más... Escríbeme una nota si lo deseas... En los mundos sutiles, tus palabras cariñosas se transforman en luces resplandecientes... Luego... acomódate aquí... muy cerca de mi corazón... porque yo te amo con toda mi naturaleza angelical. Tu Ángel de la Guarda.

Los ángeles estamos muy cerca de vosotros, pero no podéis vernos con vuestros ojos físicos, porque la frecuencia vibratoria de nuestro plano es más alta que la del plano denso. Nosotros vibramos en el plano donde habita tu alma, así que si usas los ojos de tu alma podrás vernos. Nosotros podemos aumentar o bajar nuestra frecuencia vibratoria y esto lo hacemos cuando viajamos de los planos espirituales a los menos sutiles y viceversa. Cuando bajamos nuestra frecuencia tenemos que revestirnos con la materia del mundo donde queremos hacernos visibles. Todos los seres, por muy elevados que sean, para funcionar en cualquier mundo, deben usar un cuerpo construido con la substancia de ese mundo. Esta es una ley del Cosmos... Poco a poco te iré contando más cosas sobre el Reino Angélico... pero ahora no te canses... escribe un poco, si lo deseas, de tus experiencias este día... de tus anhelos... de tus deseos... Yo te enseñaré a lograr tus metas... Ahora... acércate a mí... pon tu cabeza aquí... muy cerca de mi corazón para que pueda transmitirte todo mi gran amor... porque te amo profundamente. Tu Ángel Guardián.

Nosotros no usamos cuerpo físico, porque básicamente actuamos en los planos sutiles, y hacia estos planos elevan su vibración las personas que nos ven. Sin embargo, podemos adoptar una gran variedad de formas en el plano que deseamos; pero siempre en consonancia con la idea que de nosotros se ha formado la persona ante quien nos manifestaremos. También podemos "fabricar" ese cuerpo con las características de la raza que deseemos. Trata bien a todo el que encuentres en tu camino, porque puede ser enviado por nosotros. A veces usamos una proyección etérica que puede tomar la forma que deseemos. Esto lo hacemos en determinadas circunstancias, para ayudar a resolver "milagrosamente" situaciones angustiantes en las vidas de algunas personas. Por regla general, estos encuentros, se dan cuando las personas están desesperadas, ante un peligro muy grave o cuando necesitan recibir un mensaje o un favor que corresponde a ese momento de su existencia, y porque así conviene para su desarrollo espiritual. La forma que proyectamos puede tener suficiente materia densa para ser vista por varias personas; aunque, generalmente, en un grupo, sólo las que tienen la misma frecuencia vibratoria podrán verla. Estas proyecciones etéricas son momentáneas y es por eso que una vez que se cumple el objetivo, su imagen desaparece de la vista de los testigos.

Hacemos vibrar nuestros átomos a una velocidad tan alta que al friccionarse generan Luz, por eso nos llaman Seres de Luz. Tú, cuando eres bueno también generas Luz, y algún día estarás proyectando Luz constantemente, te convertirás entonces en un Ser de Luz y podrás escoger ser un ángel. Yo puedo ayudarte a lograr esto sin que tengas que dar rodeos... sólo tienes que darme tu mano todos los días cuando te levantes... Puedes decirme: "Mi querido Ángel, por favor enséñame hoy a entregarme más a Dios... enséñame a decirle cuánto Lo amo... y Tú... por favor guíame durante este día"... Ahora... ven... apóyate en mi pecho y duerme... esta noche te llevaré a una Escuela Angélica y mañana te levantarás sabiendo mucho más... Te amo sinceramente. Tu Ángel Guardián.

En la inconmensurable vastedad del Cosmos, donde un sol es apenas un átomo, tanto la vida de un ser humano como la de un Ángel, aparentemente no tendrían ninguna importancia, si no fuera porque dentro de nosotros vive la Luz Eterna; el Fuego Divino que pugna por manifestar su grandeza. Y un día, a medida que ascendamos en nuestra evolución, seremos nosotros los que animemos un Sol físico, y seguiremos nuestra trayectoria hacia Nuestro Padre, hasta convertirnos en el Ser que anima un Sol Central, y así seguiremos progresando en nuestro camino evolutivo hasta ser el Espíritu Creador de un Sol Espiritual... y seguiremos evolucionando... ¿Sabes lo que es una eternidad?... ¿podrías concebirla sin evolución?... Todo lo que existe en el Universo entra en la Ley de la Evolución... por eso trata de no juzgar a los demás; ama a Dios en ellos. Recuerda que todos, se acercarán un día al camino para regresar a Nuestro Padre. Los ángeles queremos ayudar a todos y facilitarles el camino, por eso yo quiero que tomes mi mano para que pueda guiarte con amor... Ahora... acércate para que pueda cubrirte con mi aura... ven... apoya tu cabeza aquí en mi regazo... esta noche mientras duermes, iremos a dar un paseo por el Universo... Te amo profundamente. Tu Ángel Guardián.

Los Ángeles determinamos a los seres humanos por la intensidad de su Luz. Cuando ayudas a otros, tu Luz brilla como una bellísima estrella y entonces todos los ángeles queremos estar cerca de ti. Para Nosotros no tiene importancia ni el color de tu piel, ni tu estatura, ni tu peso, ni tu condición social, ni el credo que practicas. No cuenta si "eres" italiano, chino, francés, mexicano, neozelandés, español, norteamericano, sudafricano o tailandés; no nos importa que uses un cuerpo blanco, indio, oriental, negro o mestizo; o que "seas" rico, poderoso, pobre o mendigo. Sólo nos importa la Luz que proyecta tu alma. No nos importa tu cuerpo físico, porque sólo es un traje que estás usando hoy... para el trabajo de hoy... no puede proyectar luz porque es energía pesada, compacta, densa... Pero tu alma sí puede proyectar luz... y esa Luz crece cuando ayudas desinteresadamente a otros, cuando amas a todos porque comprendes que todos somos hermanos, porque Todos somos hijos de un mismo Padre... porque todos en el Universo somos miembros de una sola Raza... de una Raza Inmortal... porque Todos Somos de Esencia Divina... Todos Somos Hijos de Dios... Ahora... ven... escúchame con ternura... trata de ser tolerante con todos los seres humanos... no importa que no tengan tus características físicas, emocionales o mentales... trata de amarlos... trata de ver en ellos la misma Esencia Divina que tú tienes dentro de ti... Trata de verlos como Yo te veo a ti... con un amor tan inmenso que rebasa todo lo imaginable... Recuerda que sólo tienes que apoyarte en mí, porque puedo enseñarte a resplandecer divinamente. Tu Ángel Guardián.

Todas las lenguas que se hablan en tu planeta se derivan de lenguas sagradas que Nosotros enseñamos a los seres humanos... Ahora, seguimos estructurando los idiomas de acuerdo al momento evolutivo que toca vivir a los diferentes grupos. Siempre estamos combinando las lenguas, simplificándolas para irlas adaptando a los cambios que exige la evolución de tu planeta. Debido a que el vocabulario de las razas antiguas es insuficiente para englobar la multiplicidad de ideas y calidad de pensamientos modernos, ahora, estamos estructurando la lengua del futuro. Esta reunirá una gran cantidad de ideas con muy pocas expresiones gráficas o sonoras. Será una lengua que tendrá las bases para conducir a todos los seres humanos hacia un entendimiento telepático, ya necesario para la unión de todos los seres del planeta. Esta lengua, poco a poco, la iremos incorporando a las distintas razas, por medio de seres capaces de responder a Nuestra vibración... No debes considerar tu lengua mejor que la de otros grupos porque todas proceden de la misma fuente... Trata de ir caminando siempre hacia adelante... aceptando los cambios positivos... si hay resistencia se dificulta el desarrollo de la expresión universal... expresión capaz de englobar los conceptos de amor fraternal... tal como existió en la tierra cuando todavía los hombres caminaban tomados de nuestra mano... Recuerda que todas las palabras cariñosas, nobles, alentadoras, que bendicen, proyectan en los mundos sutiles una ráfaga de luces de colores esplendorosos; no importa en qué lengua se expresen... Ahora ven... acércate más a mí... escucha estas palabras que pronuncio con mucha ternura: Te amo profundamente, te guío... te protejo y nunca me separo de ti... Tu Ángel Guardián.

Cuando los seres humanos empiezan a invocar la ayuda de los miembros de nuestro Reino Angélico, se produce un cambio en su aura. A medida que se acercan a Nosotros se va construyendo un vínculo que se manifiesta como un hilo luminoso que se ensancha cada vez que su pensamiento descansa en nosotros. Con ese vínculo de luz brillante, todos los ángeles podemos captar la procedencia de las peticiones y volamos a complacer al que las solicita. Por eso, cuando tu petición no sea egoísta, deberás dirigir tu pensamiento con mucha fuerza hacia nosotros y luego deberás tener la plena seguridad de que recibirás la respuesta a lo que deseas. Dar servicio es ayudar a otros de manera desinteresada, sin esperar nada a cambio. Cuando haces esto, la Luz que proyectas funciona como un poderoso imán que atrae a muchos seres que también brillan intensamente por el servicio que dan... Acércate a todos los ángeles... Recuerda que ya se ha formado la Hermandad de Ángeles y Hombres... porque juntos trabajamos con el Plan Divino por la superación espiritual de todos los seres humanos y por la evolución de todos los miembros de la raza futura... Ven... escríbeme una notita cariñosa... si hay algo que te aqueja, cuéntamelo... porque yo te consolaré con todo el amor que emana mi alma angelical... Cariño mío... ven... reposa tu cabeza aquí en mi pecho... porque te amo profundamente y siempre velo por ti. Tu Ángel Guardián.

La energía que los seres humanos transforman durante su vida, es energía universal, energía que ha emanado de Dios para ser aprovechada positivamente por todos los seres del Universo. Pero los seres humanos tienen la libertad de convertir esa energía en amor o egoísmo, y dependiendo de su selección así será lo que ellos, a su vez reciban. La energía universal es lo que mantiene al cuerpo físico con vida, de este modo si una persona utiliza su vida para traer bien a los demás, está transformando positivamente la energía que recibe del Universo, y si la utiliza para provocar daño a otros, la está usando negativamente, la está transformando en situaciones que perjudican su entorno. La forma en que tú transformas la energía cósmica regula tu vida. Si la transformas de manera positiva, sin estorbar y más bien colaborando en el Plan Divino, tu vida será feliz. Todos los seres humanos son como transformadores de la energía de Dios y la manera de transformarla positivamente es con pensamientos, sentimientos y obras buenas. Si además de no interferir en el Divino Plan de Nuestro Padre, cooperas con él, serás inmensamente feliz. Recuerda que para cooperar debes ayudar a otros sin esperar nada a cambio. La verdadera recompensa será una vida llena de felicidad. De otra forma, si esperas que te agradezcan lo que haces, ese agradecimiento será ya tu recompensa... Ahora... ven, querido mío... acércate a mí... pon tu cabeza aquí... muy cerca de mi corazón, y siente todo mi amor por ti... porque te amo profundamente. Tu Ángel Guardián.

La comunicación que se está dando entre muchos seres humanos y nosotros, es debido a que ha llegado el tiempo en que nuevamente deberemos estar caminando juntos. Recuerda que estos contactos se establecen en niveles sutiles, y sólo nos ven las personas sensibles a nuestra vibración; personas que tratan de elevar su consciencia y que desean unirse a nosotros para colaborar en el Plan Divino. La manifestación de nuestra presencia, cada vez mayor, no se debe a una "moda"; las "modas" pasan, pero Nosotros no pasaremos. Nosotros "permaneceremos"; siempre cumpliendo con la Voluntad Divina. Cíclicamente afluyen a tu planeta determinadas energías cósmicas responsables de la orientación que establece el Plan para ese momento; ahora, las energías que emanan están conduciendo a los seres humanos hacia el mundo espiritual; y muchos, dependiendo de su desarrollo, aprovechan esas fuerzas de forma positiva: acercándose a Dios y a los Seres de Luz. Otros, los menos desarrollados, las usan para logros materiales y contactan las fuerzas involutivas que también habitan los mundos invisibles... Pero... ahora... ven querido mío... tú estás cada día más unido a mí... cada vez puedo inspirarte más... puedo guiarte mejor... y esto me llena de satisfacción, porque tu luz ya brilla con más resplandor... Día a día hay más ángeles cerca de ti... todos te quieren porque reconocen tu esfuerzo... Y yo te amo con toda mi alma angelical. Tu Ángel Guardián.

101

Antiguamente, era más fácil contactar con los humanos, porque había respeto por Nosotros y por Nuestro trabajo. Sin embargo, seguimos trabajando igual, y hoy en día más, porque se está cerrando un ciclo que requiere más atención, y no todos los seres humanos están prestos a cooperar con nosotros. Es por esto que nos estamos acercando a las personas más receptivas, para que reconozcan nuestra Hermandad, se unan a nosotros y juntos colaboremos para que este ciclo se complete de la forma más placentera posible... Continuamente estamos trabajando sobre los cuerpos sutiles de los seres humanos que han querido formar parte de Nuestra Hermandad y ahora participan en traer el bien sobre el planeta; estamos ayudando a abrir sus centros energéticos superiores para que puedan percibir lo que les inspiramos. Adicionalmente, en sueños, les transmitimos muchos mensajes e ideas iluminadoras... Yo estoy profundamente agradecido porque tú te has acercado a mí... porque quieres estar unido a tus hermanos: los ángeles... porque has estado cuidando la calidad de tus pensamientos... y porque tratas de ser mejor persona... Cada día te inundo con más amor divino... Ahora... ven... descansa aquí en mi pecho... siente mi gran amor... siente mi protección... siente las caricias de mis alas... porque te amo inmensamente. Tu Ángel Guardián.

Bajo Nuestra dirección, hay unos seres bellísimos que comparten el Planeta Tierra con vosotros, son llamados Espíritus de la Naturaleza; habitan los sub-planos del mundo físico y su función es estructurar todas las formas físicas que tú ves en la Naturaleza. Pueden variar su aspecto a voluntad, pero el que mantienen generalmente es diminuto y de configuración humana. Los menos evolucionados, con frecuencia alteran su forma porque se divierten engañando y gastando bromas a los seres humanos. Se les conoce bajo distintos nombres: Djins o Jins, Peris, Devas, Ninfas, Silvanos, Sátiros, Faunos, Elfos, Enanos, Trolls, Kobolds, Brownies, Nixias, Trasgos, Duendes, Pinkies, Brahshees, Hadas, etc. Son seres materiales, pero invisibles para la mayoría de los seres humanos, aunque generalmente, algunos niños sí pueden percibirlos. Estos pequeños seres existen en las tradiciones de todos los pueblos, y no obstante, su recuerdo permanece sólo en los cuentos infantiles... Recuerda que detrás de todos los mitos y las leyendas se oculta una verdad... A medida que el ser humano se ha apartado de los mundos sutiles, ha enfocado su atención sólo en el mundo material, perdiendo así su capacidad de ver más allá de la forma; pero los Espíritus de la Naturaleza son tan reales en los planos etéricos que habitan, como tú lo eres en el mundo físico en que vives... Ahora... descansa ya... si lo deseas, escríbeme una nota cariñosa... después cuéntame cómo te fue el día... Ya sé que hoy hiciste una obra de caridad... Gracias, cariño mío... me has hecho más feliz... Ahora ven... duerme... y mientras lo haces... te llevaré para que veas cómo las hadas con ternura van tejiendo las flores y cómo las llenan de rocío para que por la mañana, tú las veas como una alabanza a Dios... Te amo profundamente. Tu Ángel Guardián.

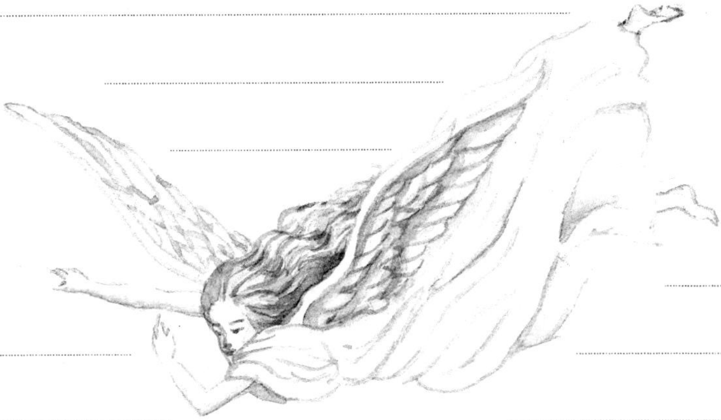

Los Espíritus de la Naturaleza más desarrollados se alejan de los lugares contaminados, porque necesitan armonía para trabajar. Como asimilan las características de los habitantes de la zona donde viven, los que permanecen en un ambiente densamente cargado se convierten en entes de aspecto poco agradable y si además, las personas del lugar están entregadas a las fuerzas obscuras, estos pequeños elementales adquieren un aspecto francamente desagradable. Son etéreos, no tienen Espíritu inmortal, aunque en determinada etapa de su evolución, sí se individualizará en ellos la Esencia Divina. Tienen distintos grados de inteligencia y viven en el elemento al que pertenecen y con el que laboran. Antiguamente, los pertenecientes al elemento Fuego se les conocía como: Salamandras; los de la Tierra: Gnomos; los del agua: Ondinas y los del Aire: Sílfides. Existen otras tres clasificaciones, dos de las cuales son desconocidos en el mundo físico... Los Espíritus de la Naturaleza "manufacturan" los árboles y las plantas que ves en el campo; ellos estructuran las piedras y los minerales. Son los que responden por los ríos, los mares, los vientos, las brisas, las llamas, las fogatas... Y frente a ellos hay un Ángel Director... Hoy estás más resplandeciente... tu aura se proyecta con más luminosidad... te siento más cerca de mí... y quiero que te acerques más... quiero que te acomodes en mis brazos... y ahora... mientras duermes... visitaremos otro lugar que te parecerá mágico... es un bosque donde danzan ninfas y sílfides mientras conducen dulcemente la suave brisa nocturna... Te amo inmensamente. Tu Ángel Guardián.

A muchos pueblos antiguos, las pequeñas Fuerzas Elementales o Espíritus de la Naturaleza llegaron a engañarles al grado que estos pueblos los convirtieron en sus dioses, porque ellos disfrutan las lisonjas y recompensan las reverencias. Hay algunas personas poco desarrolladas que con el objeto de lograr algún servicio o que les cumplan algún capricho, los invocan o mueven energías que los obligan a obedecer. Estas prácticas son altamente perniciosas y atrasan el desarrollo del alma. Los seres humanos no deben interferir en la evolución de los Espíritus de la Naturaleza; deberán únicamente respetarlos y agradecer su servicio a los Ángeles que los dirigen. La palabra Deva en sánscrito quiere decir: "brillar". En la India, Deva significa: "Ángel" y "Arcángel", así que cuando veas esa palabra ya sabes que se está refiriendo a nosotros. Frecuentemente en Occidente, con la misma palabra se indica: "Espíritus de la Naturaleza", es decir: los gnomos, hadas, ondinas, salamandras y sílfides... Ahora... ven... descansa aquí sobre mi pecho... transmíteme tus pensamientos de amor... siente los míos... porque mi amor por ti es enorme y te inundo totalmente con él... Esta noche, mientras reposa tu cuerpo físico, te bañaré con polvo de oro... Mañana te llegará la Abundancia... Te abrazo con mis alas... Te amo profundamente. Tu Ángel Guardián.

Los ángeles que trabajamos en el Sistema Solar del que tu planeta forma parte, tenemos diversas actividades que dependen del grado de vibración que hemos logrado, es decir, de nuestra evolución, de nuestro grado y categoría; pero resumiendo nuestras actividades: todo lo que hacemos es seguir el Plan Evolutivo que Nuestro Padre ha diseñado para el Sistema Solar: estructurar, supervisar y mantener el orden en todo el Sistema, tanto en los mundos visibles como en los invisibles; y guiar a la humanidad en su evolución física, emocional, mental y espiritual. Nosotros jamás nos salimos del Plan Divino; seguimos los Designios de Nuestro Padre, Quien nos ama a todos por igual. Poco a poco irás comprendiendo muchas cosas que quizá ahora te intrigan; sabrás que nada escapa a nuestra intervención, que todo lo que sucede en el Universo es debido a una causa, porque no existe el azar... Pero por ahora... lo único que debes aprender es amar a Dios que está dentro de ti, trata de acercarte a Él... aunque sea con un pensamiento de agradecimiento, en la mañana... y otro en la noche... Cuando algo te hace sentir triste, sólo piensa en mí; inmediatamente sentirás mi consuelo... te amo tan profundamente que quiero que siempre te apoyes en mí. Tu Ángel Guardián.

Los pensamientos son cosas. Como siempre estás pensando, estás proyectando una energía que rasga la porción que te rodea de la substancia que circunda todos los espacios del Universo. Esto quiere decir que tú estás poniéndole ingredientes a esa substancia; si tus pensamientos son buenos, nobles, positivos, esos ingredientes favorecerán el espacio que te rodea, y atraerán ingredientes de la misma naturaleza, y esto, producirá circunstancias también buenas, nobles y positivas que se manifestarán en el mundo físico que tú habitas. No permitas que ningún pensamiento pesimista albergue tu mente porque un pensamiento sostenido se convierte en realidad física; y es por esto que siempre deberás pensar de forma positiva, para que tu realidad física se acomode a esa manera de pensar. Dios nos pensó y sostiene Su pensamiento de Amor en nosotros. Por eso, un día todos seremos buenos y amaremos a toda vida en el Universo. Apóyate en mí y te enseñaré a tener siempre buenos pensamientos... Te enseñaré a crear positivamente... porque los pensamientos crean... Ahora... si lo deseas... si no te sientes muy cansado... dedícame un pensamiento tierno... de amor... y verás cómo, poco a poco, nuestra unión se hará indestructible... Después... ven hacia mí... quiero arrullarte mientras duermes, porque te amo profundamente. Tu Ángel Guardián.

En los planos sutiles, los pensamientos y sentimientos se convierten en cosas que tienen vida. Al salir el pensamiento o sentimiento de una persona, viaja hacia su objetivo y empieza a reunir más energía igual, es decir: va recogiendo substancia de su misma clase. Si el pensamiento es de amor noble dirigido a determinada persona, en su trayecto hacia esa persona, une energía de amor al prójimo que otras personas caritativas han lanzado al ambiente con sus pensamientos, sentimientos o actos nobles, porque la energía del pensamiento, sentimiento y acto tiene la particularidad de crecer mucho. Cuando ese pensamiento de amor noble llega a la persona hacia quien se emitió, ya ha adquirido el aspecto de una forma luminosa con alas de bellísimo color... se pone sobre la persona a quien va dirigido... y la cubre de bendiciones. Después se regresa a su creador. En su camino de retorno, también va recogiendo substancia de su misma clase, por lo que al llegar hacia su emisor ya es una forma más grande y con más capacidad de bendecir. Si el emisor continúa enviando pensamientos de amor hacia esa persona, y ella también tiene pensamientos de amor noble, continuamente estará rodeada de seres alados que la protegerán y la llenarán de bendiciones. Si la persona a quien se envió el pensamiento noble, por sus pensamientos negativos crea una barrera de energía de baja vibración alrededor de su espacio, el ser alado no puede penetrar ese muro obscuro, así que al no poder permanecer allí regresa a su creador, con un volumen mayor por la substancia de su misma clase que también recoge en su camino de retorno y lo llena con mucha más protección y más bendiciones. Todos los pensamientos, emociones y acciones nobles se convierten en seres alados que están continuamente con su emisor... Por eso, cariño mío, piensa siempre en cosas que engrandezcan tu espíritu... en construir, nunca en destruir, y de esta manera estarás emanando esencias aromáticas... delicados perfumes que atraerán a los Seres de Luz... y a los seres humanos... Ahora ven... escríbeme un pensamiento de amor... después acomódate en mis brazos... esta noche iremos a llevar bendiciones a muchos niños abandonados... Te quiero profundamente. Tu Angel Guardián.

121

El pensamiento tierno, la emoción noble y la obra de caridad, ennoblecen y protegen. Si a una persona, cuyo aura está rodeada de seres angelicales que la bendicen y protegen, se le envía un pensamiento negativo, éste viajará hacia su objetivo, uniendo más substancia negativa en su trayecto, pero al llegar hacia la persona positiva, todos los seres angelicales que la protegen no permiten la entrada de esa substancia que ya ha adquirido una forma como de monstruo muy desagradable, por lo que tiene que regresar multiplicado a su emisor, trayéndole situaciones negativas. Permanece sobre su creador, y si éste insiste en sus pensamientos perniciosos, continuamente le estará dando fuerza a ese monstruo y a otros más, todos listos para llenar de desgracias a quien les da vida. Con los pensamientos, los sentimientos, las palabras y las acciones de una persona, se moldea la substancia que la rodea, y con esa substancia, los ángeles construimos el ambiente de la persona. Por esto se dice que una persona es lo que piensa; porque si piensa que no tiene capacidad para lograr algo, está moldeando la substancia con que se construirán las situaciones que le dificultarán lograr lo que quiere. Pero tú... Cariño mío... ya estás aprendiendo mucho sobre la importancia de disciplinar tu mente, para que albergue sólo pensamientos que no te avergonzarían si alguien los pudiera leer. Los ángeles siempre queremos estar junto a todos los seres humanos y llevarlos en nuestros brazos las 24 horas del día, pero muchos nos alejan con las emanaciones densas y fétidas de sus pensamientos bajos, deprimentes o egoístas. Estos actúan como repelentes a los Seres de Luz; no podemos acercarnos por mucho que lo deseemos. Tenemos que caminar a distancia... Todo esto te lo digo cariño mío... para que de veras des más importancia a todo lo que llega, permanece y sale de tu mente... Cuanto más tiempo piensas en mí... más emanaciones divinas lanzas a tu espacio... más situaciones favorables labras para tu vida... porque así me permites comunicarme mejor y enseñarte a ser constructivo... Ven ahora... Acércate... pon tu cabeza aquí... sobre mi corazón... Mientras duermes... hoy te llevaré a conocer la "fábrica" donde los ángeles construimos los ambientes bellos con los pensamientos bellos... Te amo con toda la profundidad de mi naturaleza Angelical... Tu Ángel Guardián.

En ningún momento del día estás sin mí; mis alas te cubren siempre. Cada vez que tratas de visualizarme estamos en comunión. Piensa en mí donde quiera que estés: en la casa, la escuela, el trabajo, el autobús, el coche, comiendo, bañándote, jugando, etc., etc., porque cuando piensas en mí, los átomos de tu cuerpo espiritual giran a mayor velocidad. Esto es lo que llaman "subir la vibración"; y esta vibración elevada te conecta con el Plano donde estoy yo. Así, estando tú más cerca de mí, puedo ayudarte a armonizar tu cuerpo físico con el espiritual, y de esa forma podrás evitar malestares físicos. Nadie puede crecer espiritualmente si no ayuda a otros. Observa con cuidado y verás que siempre te pongo en el camino donde puedes ayudar; trata de no desperdiciar esas oportunidades, porque al dar felicidad a otros tú también serás feliz... Ahora, cariño mío... ven... escucha lo que con ternura te digo... te amo profundamente... ya me permites guiarte mejor... verás que tu vida será inmensamente feliz... Ahora... ven... y descansa tu cabeza aquí en mi regazo... hoy te llevaré abrazado tiernamente... y trabajaremos con los ángeles que limpian el planeta... Te bendigo con amor. Tu Angel Guardián.

Yo Soy Feliz cuando sonríes. Tu sonrisa tiene una vibración tan bella que inunda de colores resplandecientes todo tu espacio y mucho más. Sonríe siempre, porque la sonrisa produce milagros en los planos invisibles y en los visibles. Duerme hoy con una sonrisa en tus labios, para que permanezca todo el día de mañana... yo seré quien sonríe a través de ti a los ángeles de todas las personas que encuentres en tu camino. Sé feliz siempre. Para lograrlo sólo tienes que desearlo. Si lo deseas y tratas de dar felicidad a los demás, la felicidad llegará a ti. De esto no debes dudar nunca, porque lo mismo que tú das, recibirás. Resplandeces cuando estás feliz, y yo quiero verte así siempre; por eso te pido que tomes mi mano para que yo pueda conducirte por el camino en el que siempre lograrás dar y recibir felicidad. Yo puedo guiarte para que empieces a reconocer que la verdadera Felicidad está dentro de ti. Es Dios, Es El Quien vive en ti... Sólo El puede darte la felicidad duradera... La dicha que nunca se acaba... Quien reconoce a Dios dentro de sí... jamás volverá a tener momentos de infelicidad... Ven ahora... cariño mío... Te amo profundamente y esta noche... mientras duermes... te conduciré hacia la Eterna Felicidad... Siempre te cuido. Tu Ángel Guardián.

Dios está dentro de ti, de una manera Real. Esto no es simbólico. Él vive dentro de ti, y tú puedes hablar con Él. Él está allí, esperando que te des cuenta que quiere que te acerques a Él. Cuando de veras comprendas esto, no habrá forma de describir tu felicidad. Permite que yo te enseñe a comunicarte con Él. Ven... recuéstate aquí en mi pecho... Ahora... escúchame con dulzura... Dios está físicamente en tu corazón... no lo busques en el exterior porque Él aguarda pacientemente que Lo reconozcas en ti. Con este pensamiento... duérmete apoyado en mí. Te amo profundamente. Tu Angel Guardián.

Para amar hay que perdonar. Si no perdonas, se forma una barrera de energía que no te permite conocer a Cristo en ti. Si no conoces a Cristo en ti, no puedes amarlo, y si no puedes amarlo a Él, no puedes amar sinceramente a nadie. Cuando perdones a los que tú consideras que te han ofendido, se iluminará tu alma; empezarás a proyectar una Luz tan maravillosa que los ángeles cantarán de felicidad; nuevamente habrá festejo en el Cielo. Te amo tan profundamente que quiero enseñarte a perdonar para que con tu brillo atraigas el Amor de todos los ángeles. Tu Ángel Guardián.

Las oraciones intensas hechas con fe, producen una luz vibrante que llega hasta Dios. Los ángeles, como Mensajeros de Nuestro Padre, respondemos a esas plegarias. Volamos presurosos a satisfacer a las almas piadosas que imploran por el bien de otros. Orar es hablar con Dios y con todos los Seres de Luz. Cada vez que tú hables con Dios que está dentro de tu corazón, estás orando. Cuando se pide de forma egoísta, con poca sinceridad o de manera repetitiva, esas oraciones no producen suficiente resplandor como para que podamos determinarlas, y el que ora no logra el efecto que desea. Cuando rezas con fervor, tu oración resuena como música divina y se proyecta a los cielos como rayos esplendorosos. Todos los ángeles nos llenamos de gozo cuando rezas desinteresadamente por otras personas, porque nos encanta usar esa vibrante energía, transformarla en bendiciones y llevarla hacia aquéllos por quienes pides. Cuando tú piensas en Dios estás orando, y sin pedirle nada recibirás Sus Bendiciones... Acércate a mí... Amor mío... siéntate en mi regazo... apoya tu cabeza en mi pecho... así te llevaré a participar del éxtasis divino del mundo donde llegan las oraciones piadosas... Te amo profundamente. Tu Ángel de la Guarda.

Los ángeles no queremos que nos adoréis; nunca piensas eso, porque es incorrecto, sólo queremos que nos reconozcáis como vuestros Hermanos Mayores y nos permitáis guiaros. Nosotros ya recorrimos el camino que vosotros estáis recorriendo, por eso sabemos cómo conduciros para no tropezar. Los ángeles y los seres humanos somos todos hermanos porque tenemos un mismo Padre: Dios. Dios nos hizo con Amor y quiere que todos nos amemos. Que formemos una Fraternidad de Amor... todos las mañanas... cuando te despiertes... después de agradecer el nuevo día a tu Padre... toma mi mano y te mostraré el mejor camino para que estés siempre cerca de los ángeles.... En este momento, junto a ti hay muchos que te están llenando de Amor... Y Yo te abrazo dulcemente con mis alas... para llevarte a visitar un bellísimo Centro Angélico... de los ángeles musicales... hoy escucharás música celestial... y mañana amanecerás tarareando una bellísima melodía que esta noche te enseñaremos. Te amo profundamente. Tu Angel Guardián.

Los ángeles habitamos el mundo Real. El mundo material es una proyección de nuestro mundo; porque recuerda que el mundo físico no es eterno, es temporal, y sólo lo eterno es Real. No debes confundirte... Tu Verdadera Esencia, tu Espíritu, es eterno... y tú eres Tu Espíritu. Yo sé que en el plano físico, se te ha enseñado que el ser humano es un animal racional que pertenece a los mamíferos del reino animal. Pero tú no eres el cuerpo físico en el que ahora, para evolucionar en el mundo físico, tu Espíritu se desenvuelve... Tú eres tu Espíritu Inmortal... Quizá hayas escuchado a muchos que repiten: "Yo Soy Yo..." Tú también puedes repetirlo para integrarte con Tu Espíritu, que Es tu verdadero Yo. Si dices "Yo Soy mi Espíritu", estarás diciendo lo mismo. Acércate a mí, cariño mío... descansa en mi pecho... cúbrete con mi aura... Esta noche, mientras duermes, te enseñaré a conocer la diferencia entre lo real y la sombra de lo real. Yo Soy tu ángel que te guía con muchísimo Amor.

Los ángeles, igual que tú, vamos ascendiendo hacia Nuestro Padre; Yo conozco ya el camino que tú estás recorriendo y si me lo permites, puedo guiarte por los atajos divinos. Recuerda que nosotros estamos junto a los seres humanos para guiarlos, protegerlos, ayudarles. En los sueños les inspiramos para que puedan despertar su creatividad, para que puedan desarrollarla al máximo. Todos los seres humanos tienen capacidad para hacer algo que puede mejorar su mundo; y nosotros, los ángeles, continuamente estamos tratando de conducirlos para que lo hagan. Tú puedes manifestar, con más potencia el talento con que nuestro Padre te ha bendecido... Ven, acércate más a mí y permite, mientras te lleno de amor y te cubro con mis alas, que te susurre cómo lograrlo... Te amo con la intensidad de mi alma Angelical. Tu Angel Guardián.

Si alguna vez tienes dudas de la existencia de los ángeles, tan sólo observa la naturaleza. Somos nosotros quienes mantenemos los árboles reverdeciendo, las plantas floreciendo, los pajarillos cantando. Nosotros creamos todo lo material. Nosotros conducimos a los astros, construimos el universo, lo protegemos. Velamos para que se observen las Leyes de Nuestro Padre. Nosotros somos los intermediarios entre Dios y vosotros... Somos Sus ministros, Sus mensajeros, Sus constructores... Formamos Su ejército, Su corte. El Universo gira, gracias a nuestra acción. Todo el orden que ves se debe a nuestra intervención. No mueve el viento una hoja sin que intervenga uno de nosotros. Nosotros desempeñamos siempre las funciones que Nuestro Padre nos ha dado; jamás Le desobedecemos, ni sabríamos cómo hacerlo, porque no podemos hacerlo. Le hemos entregado nuestra Voluntad, nuestro Libre Albedrío. No somos nosotros, sino Nuestro Padre Quien trabaja a través de nosotros; Él se manifiesta por medio de nosotros. Tú también, en el futuro serás igual que los ángeles. Ven... pon tu cabeza aquí en mi regazo... y mientras te arrulle irás sintiendo más mi presencia. Yo siempre Estoy junto a ti, y te inundo de amor todos los días. Tu Ángel de la Guarda.

Es muy importante que reces por las personas que "fallecen". Las oraciones son el combustible que las almas necesitan para ascender en los planos invisibles. Si no reciben la energía de la oración, pueden quedarse siglos (de tu tiempo) estancados en un plano. Orar por los que han dejado su cuerpo físico es dar servicio; y recuerda que sólo dando servicio puedes evolucionar; además, en la misma proporción en que tú ayudes a los que han "fallecido", así será la ayuda que tú recibirás cuando des ese paso. La palabra "fallecer" está entre comillas, porque realmente nadie fallece, ya que la "muerte" no existe. Cuando el alma abandona el cuerpo físico, es porque ya no lo necesita; es porque va a entrar a otra etapa de su desarrollo en un mundo más sutil, y la "muerte" es la puerta de entrada a ese mundo. Los Ángeles de la Luz que resplandece son los que auxilian a los que dejan el plano físico. Tú puedes pedirles que acompañen a los que están dando ese paso o que ya lo han dado; no importa que haya sucedido hace mucho tiempo... Ahora, cariño mío, ven a mí... recibe todo mi amor... voy a cubrirte con mis alas y a enseñarte a orar. Tu Ángel que te ama profundamente.

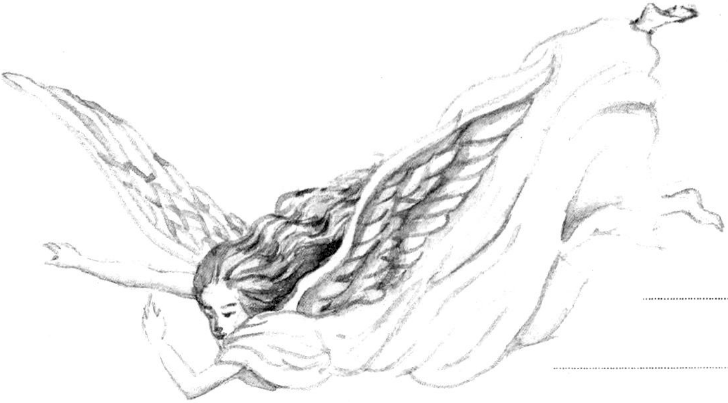

Las personas que abandonan su cuerpo físico, generalmente no se han preparado para la "muerte", y al pasar al otro mundo se encuentran asustadas y confundidas; necesitan más que nunca ser guiadas. Tú puedes ayudarles con oraciones; también puedes hablarles mentalmente y decirles que no deben detenerse en los sub-planos del mundo físico, que deben ascender hacia la Luz. Con firmeza, deberás enviarles el siguiente mensaje: "Ve hacia la Luz; busca un punto de Luz y dirígete hacia allí. Piensa en los ángeles y pídeles que te tomen de la mano y te iluminen el camino. No te detengas en la oscuridad. Ve hacia la Luz". Cuando ores por ellas, deberás emplear un vocabulario sencillo, natural, el que uses todos los días. Puede ser algo así: "Te ruego Padre mío, por todas las almas de los que han dejado este mundo físico; que los ángeles de la Luz Resplandeciente los acompañen a enfrentarse a su propia Luz: Tú en ellos. Que todas las almas que pasen, o estén a punto de pasar al otro lado, sean guiadas por los ángeles; recibiendo de ellos: consuelo, amor y la seguridad de que están entrando a un lugar más cerca de Ti. Que los que aquí sufren por la separación de sus seres queridos también reciban paz y tranquilidad de los ángeles. Que ya no sientan tristeza o temor por su partida, sino la certeza de que han evolucionado hacia un lugar mejor donde están asistidos plenamente por los Ángeles Resplandecientes. Te ruego, asimismo, Padre mío, que ilumines a las almas de aquéllos que en este momento están a punto de partir; que no sientan angustia, y que los que están cerca de ellos reciban la paz necesaria para que no hagan pesada la separación del alma de su envoltura física. Te encomiendo a mis parientes y amigos que ya trascendieron este mundo y también, de una manera especial, te pido enviar Luz a aquellas almas por las que nadie se acuerda de rezar. Gracias Padre mío, adorado. Así sea". Recuerda que tú puedes hablar con Dios sin necesidad de memorizarte oraciones; puedes hablarle a cualquier hora; en cualquier lugar y durante el tiempo que tú quieras... Ahora, ven aquí... a mis brazos... acomódate muy cerca de mi corazón... quiero que duermas plácidamente mientras yo acaricio tus cabellos... Esta noche iremos juntos a un Templo Angelical, donde los ángeles te enseñaremos muchas maneras de orar... Te amo con toda mi naturaleza angelical. Tu Ángel Guardián.

A medida que te acerques a mí, con más profusión podré irradiarte mi energía, y así irás aprendiendo a comulgar con todo el Reino Angélico. Se te irá revelando más sobre todo el Universo; comprenderás que la Vida de Dios lo anima completamente; que cada ser viviente es una célula de Nuestro Creador, de Nuestro Padre, y sabrás que dañar a un ser viviente es dañar a una célula de Dios. Los cuerpos físicos de todos los seres humanos tienen un alma que los anima, una chispa de Dios está en ellos. Si un alma está ocupando determinado cuerpo, es con la finalidad de evolucionar de acuerdo a los decretos de Nuestro Padre; por eso debes respetar a toda vida en tu planeta y en todo el Universo. Pon tu cabeza cerca de mi corazón... no te angusties nunca... Yo te daré tanto Amor que poco a poco, tú también irás sintiendo amor por todo lo que ha emanado de Nuestro Padre. Tu Ángel que te ama profundamente.

Cada Universo, cada Galaxia, cada Sistema Solar, cada Planeta, es una emanación de Dios y cada uno tiene un Plan de Evolución, y dentro de ese Plan cada uno tiene una meta; nada se sale del plan establecido. La meta de tu Sistema Solar, durante su etapa evolutiva, es desarrollar el Amor con Sabiduría. Los Ángeles en todo el Universo, vigilamos que el Plan Divino se cumpla. La evolución de tu planeta Tierra se lleva a cabo bajo Nuestra amorosa Supervisión. Nosotros sabemos que el propósito de vuestra Alma es adquirir experiencias en el mundo físico; experiencias que le permitan tener un poder absoluto sobre la materia y llegar a amar a toda vida en el Universo; y sabemos que un día lo logrará, sin importar el camino que ahora siga; por eso, a fin de facilitaros vuestra estancia sobre la Tierra, tratamos de acercarnos a vosotros para que podáis caminar con más facilidad. Ven... duerme hoy con tu cabeza sobre mi regazo, y mientras te inunde con mi gran Amor te iré explicando más sobre este tema. Te amo profundamente. Tu Ángel Guardián.

La Luz que alumbra el camino a casa proviene del Amor. Ama a Dios en ti y en cada ser viviente; trata de ayudar siempre. Cuando tú das con Amor y pides a Dios por los necesitados, emanas una energía que en el mundo sutil aparece con un color que semeja el rosa de tu mundo; ese color tiene destellos tan bellos que no hay palabras para describirlo; atrae a todos los ángeles que pasan por donde tú estás y siempre se acercan a mí para que yo te transmita Sus mensajes de gratitud, porque esa energía purifica y ayuda a quitar la contaminación que proviene de la obscuridad de los pensamientos egoístas. Trata de ser comprensivo con todas las personas que forman tu entorno; trata de recordar que ellos, igual que tú, tienen dentro de su corazón, una Chispa Divina que un día se convertirá en Divina Llama... y si en tu camino aparece un mendigo, dale algo por mí y luego eleva una oración al cielo por él. Yo te guío a los lugares para que puedas ayudar, porque te amo y quiero que ames a todos nuestros hermanos... Ahora... ven... acércate a mí... permite que te cubra con mis alas mientras me escribes un pensamiento de amor... Luego... duerme tranquilamente sobre mi regazo. Tu Ángel que te ama profundamente.

Cada vez que ejercitas el amor noble, libre de egoísmo, estás limpiando tu espacio y ayudando a purificar tu planeta. Nosotros, los ángeles, trabajamos con la energía que proviene de los pensamientos, de los sentimientos, de las palabras y de las acciones de toda la humanidad; por eso se dice en el plano físico: "mientras el hombre piensa, los ángeles construyen". Esto quiere decir que por la Ley de Acción y Reacción, tenemos que construir, y lo hacemos continuamente, con la energía que el hombre nos proporciona. ¡Cómo nos gustaría construir sólo ambientes bellos!... Cuando tú piensas en mí, cuando me llamas, cuando me hablas o cuando sólo dices mi nombre, inmediatamente te cubro con mi aura, ilumino tu espacio y te ayudo a que tengas pensamientos bellos, luminosos y constructivos. Ven, cariño mío... duerme sobre mi regazo, hoy tendrás sueños placenteros conmigo... Te amo profundamente. Tu Angel Guardián.

Los seres humanos que tienen cuerpo físico no son ángeles, aunque sientas que alguien por su bondad o inocencia lo sea, no es así. Nuestro cuerpo de Luz vibra a tan alta frecuencia que no podría estar en un cuerpo físico como se conoce en la Tierra. Cíclicamente, un Ser de Luz toma un cuerpo físico con el fin de llevarles a los seres humanos una filosofía que se ajuste a la apertura mental que hayan desarrollado durante el ciclo que se cierra; todo ello en concordancia con el Plan de la Evolución. Este Ser de Luz, cuyo Cristo se manifiesta en todo Su esplendor, habita un cuerpo que tiene un dominio total sobre la materia. Es un cuerpo que se ha preparado para ese fin, que sabe y conoce el propósito de Su Cristo, y mantiene la vibración necesaria para que no se desintegre con Su entrada. Recuerda que la vibración elevada proviene del Amor puro, noble y libre de egoísmo que se irradia hacia toda vida en el Universo. Todo esto lo irás comprendiendo poco a poco... Ven... duérmete ya... pero apoya tu cabeza cerca de mi corazón porque te amo con toda mi naturaleza angélica. Tu Ángel Guardián.

En el Reino Angélico, aun no hay ángeles que hayan adquirido su experiencia física en tu planeta. Esto es debido a que tu planeta es demasiado joven y aún no ha completado la ronda necesaria para que haya hombres "graduados" como ángeles. Por esto se dice, en tu mundo físico, que nosotros somos una creación diferente a la humana. Recuerda siempre que en todas las tradiciones hay un fondo de verdad, porque la información, al viajar a través de la historia se va alterando. Pronto, en tu planeta habrá seres que podrán convertirse en ángeles, y tú puedes aspirar a ello si quieres. Sólo debes recordar que para crecer espiritualmente, para permanecer en el camino hacia Nuestro Padre, debes siempre servir, ayudar a los necesitados. Esto lo puedes hacer por medio de la oración, con palabras de aliento para el que desfallece, con una sonrisa para el que pasa junto a ti, con consuelo para el que está triste, con atención al que está enfermo. Y si tienes posibilidades económicas, puedes proporcionarle alimento, ropa o techo al que no lo tiene. Compartir positivamente, te acerca a Nuestro Padre... Ahora, ven... acércate a mi corazón y escucha... porque quiero que comprendas cuánto te amo... Tu Ángel que te cuida.

En los planos sutiles, todo es Luz y Sonido. El sonido es incomparable, dulce, armonioso, y a medida que se accede a un mundo más elevado, más bello y armonioso es. Cuando se llega al Quinto Plano, se escucha la música de las esferas superiores. En ese plano habita tu alma dentro de Su Cuerpo Causal, que es tu verdadero cuerpo, tu verdadero Yo, tu Yo Real, tu Yo Superior. En este cuerpo habito yo. Todo sonido emite un color, visible sólo en los mundos sutiles. Los sonidos que provienen de palabras dulces, palabras de amor noble y de bendiciones, tienen un color claro, fulgurante. Muchos animales son muy sensibles a esos colores que corresponden a los sonidos del plano físico; la cobra que es completamente sorda, se mece al compás de los colores que en el plano etérico hace visible la flauta que toca el encantador. Cuando tú creas el hábito de pensar y expresarte siempre de manera noble de todas las personas, entonces tu Luz brillará con tal intensidad que empezarás a notar que todos te quieren cerca; todos querrán sentir la caricia de tu resplandor, y esto se deberá a que estás permitiendo a Cristo manifestarse en ti... Ahora, ven querido mío... acércate más... entra en mi aura... te arrullaré dulcemente... y mientras duerme tu cuerpo físico... te llevaré a bañar en la luz divina que emana de las estrellas. Te amo y nunca, ni un solo instante, me separo de ti. Tu Ángel Guardián.

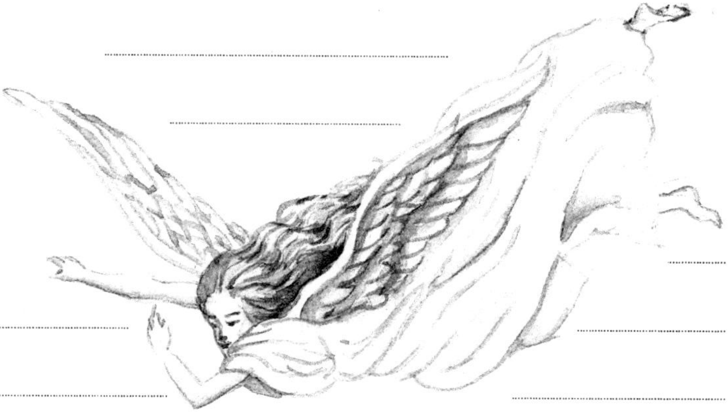

A medida que un ser va siendo más consciente de los planos sutiles, se dice que está más espiritualizado; sabe que tras todo lo que ve en el mundo material existe una contraparte sutil, e intenta comprender por qué se manifiesta en la forma en que lo ve físicamente; todos los interrogantes que le inquietan lo llevan a buscar respuestas en el exterior, pero poco a poco su Angel Guardián lo va llevando a comprender que todas las respuestas están dentro de él mismo. Yo, que soy parte de ti, siempre trato de acercarte a mí, para que te abras a la vida interior, para que te orientes hacia Dios y no hacia el mundo, para que comprendas que el Reino de Dios está dentro de ti y no en el exterior que es lo que proyectan los sentidos; para que no tengas ambición desmedida por las cosas materiales, aunque siempre trato de influir en ti para que trabajes como si fueras ambicioso. Ven... acércate a mí... poco a poco aprenderás a ver con los ojos de tu alma... y cuando esto suceda, ya no habrá misterios para ti... Te amo con toda la profundidad de mi alma angelical. Tu Angel Guardián.

Cuando empieces a ayudar a los demás, a sentir amor por todos los seres, a reconocer a Dios en ti y en todos tus hermanos, serás completamente feliz. Deberás empezar el día con Amor, llenar el día con Amor y terminar el día con Amor. Que tu primer pensamiento al despertar sea para Dios y el último pensamiento al dormir sea para Dios. Cuando despiertes cada mañana, entrégate a mí; y permite que Yo te ayude a mantener tus pensamientos y tus sentimientos claros y llenos de Amor; permite que Yo te ayude a que tus acciones sean agradables a los ojos de Dios... Ahora, ven... escríbeme un pensamiento y luego recuéstate aquí en mi pecho... deja que te acaricie mientras te duermes... Te amo profundamente. Tu Angel Guardián.

Nosotros, los ángeles, nos comunicamos muchas veces con los seres humanos durante su sueño. A veces, según la apertura de cada persona, lo hacemos directamente; otras usamos símbolos, porque los símbolos son el idioma que usamos los Seres de Luz para comunicarnos con los hombres; los hemos usado siempre, por eso ves que existen tantos símbolos sagrados y se manejan distintos símbolos en cada lugar. Muchos símbolos tienen varias interpretaciones, y es muy importante que tú siempre respetes los símbolos de personas de culturas diferentes a la que tú estás experimentando hoy, porque todos son nuestros y usamos en cada ocasión los que puede asimilar mejor la persona, de acuerdo a su idiosincrasia. Ahora... escríbeme algo si quieres, luego dibuja dos corazones unidos, que representen tu corazón y el mío... será un símbolo de tu amor por mí... y cuando te duermas... después de que te bañe con mi esplendor... después de que te arrulle con ternura... te transmitiré otros símbolos... todos tendrán que ver con el Amor... porque yo te amo con toda mi alma angelical. Tu Ángel Guardián.

Nunca critiques ni pienses que tu religión o filosofía es mejor que la de otros, porque nosotros, los ángeles, traemos a cada grupo su religión, de acuerdo a su
apertura mental. Todas las religiones, cuando las inspiramos, tienen una sola finalidad: Amar a Dios y
encontrarlo en toda vida en el Universo, o lo que es lo
mismo: "Amar a Dios en ti y en cada uno de tus hermanos", o "Amar al prójimo como a ti mismo". A medida que va transcurriendo el tiempo desde que el Maestro, Quien es un Ser de Luz, y Quien ha enseñado la
religión, ha dejado la Tierra físicamente, los seres humanos van olvidando su verdadero mensaje, lo van
acomodando a sus intereses materiales y parece como si
la regla a seguir fuera distinta en cada religión. Pero
no es así, porque sólo el Amor permite que el alma
evolucione, sólo el Amor acerca a Dios, porque la
Esencia de Dios es el Amor, y con esa Esencia hemos
emanado todos de él. El Amor se practica ayudando a
los demás. No existe en todo el planeta alguien que no
necesite recibir ayuda, aunque sea una palabra de aliento... Trata de estar siempre cerca de mí... confía en mí...
Yo te enseñaré a transmitir Amor... Escríbeme algo si
quieres... y luego ven... acomódate en mis brazos porque
te amo profundamente. Tu Ángel Guardián.

....

....

....

....

....

....

....

....

....

....

....

....

....

....

....

....

....

....

Todos los seres humanos son hijos de Dios, todos tienen dentro de sí, a la Esencia Divina, la Chispa de Dios, y todos, eventualmente, no importa lo que estén haciendo ahora, encontrarán el camino para llegar a él. Si ves que existen algunas personas que obran de forma que afecte negativamente su ambiente, no debes juzgarlas, porque lo que sucede es que se trata de personas cuya alma es más joven, hace menos tiempo que salieron del seno de Nuestro Padre para lograr sus experiencias en el mundo físico; no han comprendido que la razón de usar un cuerpo físico es para que su alma adquiera el dominio sobre la materia densa; pero debes tener la certeza de que ellos, igual que tú, llegarán un día a ser Seres de Luz. Por eso, cuando sepas de alguien, que a tus ojos no esté actuando bien, eleva una oración a Dios por él, pídenos que le alumbremos con nuestro Aura, porque todos necesitan que alguien interceda por ellos, y los que están más arriba en los peldaños que conducen al Padre deben enviar Amor, extender su mano a los que están abajo... Caminar sobre la Tierra no es fácil... toma mi mano porque yo siempre quiero ayudarte para que no tropieces... Ahora... puedes contarme lo que te está aquejando... escríbeme una notita si quieres... verás que mañana todo se resolverá... porque yo te amo y siempre estoy junto a ti... Ven ahora a mis brazos... voy a arrullarte... Tu Ángel que te quiere profundamente.

Muchos seres humanos no nos respetan ni creen en nosotros, pero ello no nos afecta porque nunca nos molestamos por nada de lo que hacen. Sabemos que debemos cumplir con nuestra parte en el Plan Divino y seguimos trabajando igual, amándolos a todos profundamente. Lo que sucede es que lo hacemos de forma invisible para ellos, porque todavía no ha llegado el momento de que abran sus ojos espirituales. Pero igual que tú, ellos también llegarán a participar de nuestra presencia; llegarán a comprender que detrás de todo lo que se manifiesta físicamente hay ciertos Seres, que igual que ocurre en el mundo material, todo tiene una causa. Si hay orden en una casa es porque alguien se encarga de que exista, y si hay orden en el Universo es porque nosotros nos encargamos de mantenerlo. Quiero que comprendas que yo siempre estoy junto a ti... quiero que sientas que continuamente estoy conduciéndote para que logres caminar sin tropiezos... Trata de pensar hoy en lo maravilloso que es todo el Universo. Trata de dibujar un Ángel de pie sobre tu planeta, con una mano señalando hacia arriba... hacia la casa de Nuestro Padre... Ahora... ven... pon tu cabeza en mi regazo y siente todas las bendiciones que te prodigo... Te amo profundamente. Tu Ángel Guardián.

El dibujo del separador representa a un ángel que con su mano señala hacia lo alto. Es el símbolo que queremos que nos represente, ahora que hay más personas como tú, que quieren unirse a nosotros, que quieren formar una Hermandad con nosotros. Nosotros hemos deseado esto siempre; se lo hemos estado sugiriendo tiernamente, desde hace muchos, muchos años, pero ahora que hay un mayor despertar en las consciencias humanas es cuando lo estamos logrando. Trata de identificarte con este símbolo, porque te ayudará a lograr tus metas. Piensa siempre que tú quieres hacer las cosas para lograr un mundo mejor, y lo lograrás elevando tus anhelos hacia el lugar que te señala el Angel, hacia Nuestro Padre. Recurre siempre a nosotros, porque estamos cerca de todos los seres humanos para asistiros siempre, para tomaros de la mano y enseñaros el camino que deberéis seguir para lograr un mundo maravilloso, un mundo lleno de amor, un mundo donde no falte nada, un mundo feliz, un mundo supremo... Ven... ven a mis brazos... esta noche recibirás unas alas doradas... será un regalo de todos los ángeles para ti... y volaremos juntos... siempre unidos... siempre abrazados... Te amo profundamente. Tu Angel Guardián.

Esta noche, te enseñaré a volar.... Al aletear suavemente nuestras alas doradas, bañaremos con polvo de oro toda tu casa, por dentro y por fuera; después recorreremos la casa de tus abuelos. Haremos lo mismo con tu escuela, luego con la casa de cada uno de tus amigos, con los asilos, con los orfanatos, con los hospitales, con la casa del gobierno, hasta con la tienda de la esquina; y si hay un lugar especial para ti, allí también esparciremos nuestro polvo dorado... después nos elevaremos y daremos una vuelta sobre toda la ciudad; y la iluminaremos con nuestro polvo dorado de armonía celestial. Todo brillará a lo lejos como una joya de mágico resplandor.

Recuerda que siempre que salimos a volar, tu cuerpo físico tiene que quedarse dormido sobre tu cama. Nunca, nunca deberás tratar de volar con tu cuerpo físico. Tu cuerpo físico no sabe volar porque es muy pesado. Sólo volarás con tu imaginación. Tu imaginación proyecta la energía que se necesita para activar tu cuerpo espiritual, que es el que usarás para volar conmigo cada vez que lo desees. Esta advertencia es de tu Ángel Guardián: Nunca, bajo ninguna circunstancia, no importa quién te lo pida, nunca deberás intentar volar con tu cuerpo físico. Yo Soy tu Ángel y nunca te diré algo distinto a esto.

Todo el Cosmos resuena con armonías celestiales; son vibraciones producidas por los Ángeles de la Música, y ahora que hay más apertura estamos transmitiendo muchas de esas notas a los seres humanos capaces de captarlas y traducirlas en los planos físicos. Poco a poco, a medida que los hombres se acerquen más a nosotros iremos dándoles mayores composiciones naturales; notas que al resonar en la tierra producirán efectos armonizantes; notas, cuya vibración es capaz de producir "milagros" en los cuerpos físicos. Notas, cuyo sonido en la tierra ayudará a elevar las consciencias humanas y acelerará su desarrollo espiritual... Escucha el dulce sonido de los pájaros cuando te sientas nervioso... Los ángeles les enseñamos a entonar sus cantos... son alabanzas a Nuestro Creador... Ahora... ven... hoy te llevaré y juntos volaremos... esta noche soñarás con un gran resplandor... mañana tu vida será mejor... Ten confianza en mí porque te amo profundamente. Tu Ángel Guardián.

En tu planeta hay muchos lugares que son centros energéticos. Continuamente se activan unos y otros se apagan, pero estos lugares son conocidos sólo por los Seres de Luz, porque todos están a nivel etérico. Algunos tienen una proyección en el mundo físico, pero recuerda que una proyección es una sombra... y tú no necesitas buscarlos, porque no necesitas buscar nada fuera de ti, en el exterior, en determinadas áreas geográficas. Cuando tú lo desees y me lo pidas, yo te transportaré a uno de esos centros, mientras duermes. Sólo pídeme que te lleve a un Centro de Sanación Angélico para que te alivie de lo que te aqueje... o simplemente para que los ángeles te carguemos de energía... Pídeme siempre lo que desees... pero recuerda siempre decirme: "sólo si satisface a Nuestro Padre"... Ahora... si quieres, escríbeme un pensamiento de amor... Después trata de visualizarme, porque soy feliz y me gustaría que vieras esta sonrisa, llena de ternura, que tengo para ti... Te amo profundamente y te cubro con rayos divinos. Tu Ángel Guardián.

Los colores que emite una persona concuerdan con sus pensamientos y sentimientos. Si la naturaleza de sus pensamientos es elevada y espiritual, proyectará una ráfaga de luces luminosas, centelleantes, que inmediatamente atraerán a los Seres de Luz que buscan el contacto humano para transmitir sus mensajes de Amor. Si los pensamientos son de orden indeseable, agresivo o inferior, los rayos que proyectan serán de colores obscuros, con matices que van desde el rojo, el verde y marrón obscuro hasta el deprimente negro. Estos colores alejan a los Seres de Luz y atraen a los que proyectan matices de la misma naturaleza... No debes preocuparte... no debes deprimirte... no debes sentirte triste... ni temeroso... porque yo Estoy siempre junto a ti... y cuando estás conmigo no existe nada que pueda perjudicarte... Yo siempre, siempre te estoy protegiendo... Ven... acuéstate... pon tu cabeza sobre mi regazo... Siente el calor de mis alas... Te amo profundamente. Tu Ángel Guardián.

Todas las religiones del mundo hablan de nosotros, porque nosotros inspiramos las religiones. Nos llaman de muchos modos: Espíritus Creadores, Espíritus Planetarios, Dhayan-Chohans, Adityas, Vasus, Suras, Devas, Pitris, Elohim, Sephiroth, Faraores, Hombres Dioses, Hombres Celestes. Somos los Serafines, Querubines, Tronos, Dominaciones, Virtudes, Poderes, Principados, Arcángeles y Ángeles. No importa el nombre que uséis para designarnos: Somos las inteligencias intermediarias entre Dios y los hombres; nos encargamos de la superintendencia del Cosmos y todos desempeñamos funciones que van de acuerdo a nuestra categoría... Pero tú no trates de clasificarnos. No es necesario que estemos dentro de una estructura típicamente terrenal... son sólo formas que usan los hombres para tratar de distinguir la diferencia de vibración que existe entre los miembros del Reino Angélico... Sólo llámame cuando quieras algo... y si quieres... esta noche te llevaré a un aula angelical para que aprendas más sobre Nosotros... Ven... duérmete ya, cariño mío... ven a mis brazos... Te amo con toda mi naturaleza angelical. Tu Angel Guardián.

Naturalmente que existen Jerarquías en el Reino Angélico, todo el Universo está jerarquizado porque así es la evolución. Todo el Cosmos evoluciona continuamente, todo en el Cosmos vibra, nada es estático. Pero la estructura jerárquica que se utiliza en la Tierra es sólo una forma de indicar eso, es sólo simbólica. Hay Seres de Luz cuya vibración es tan alta que rebasa la comprensión del ser humano, por eso se dice que son los que están más cerca de Dios, pero esto es mucho más vasto. Sin embargo, en un mundo tridimensional como el tuyo, los seres humanos requieren conceptos estructurados para comprendernos, por eso se habla de las Tres Triadas y los Nueve Coros, aunque hay filosofías que hablan de estructuras jerárquicas distintas. Recuerda siempre una cosa: La Verdad Absoluta es una: Dios vive en ti, Dios es todo lo que existe, y Dios es Amor... Ahora ven a mis brazos... esta noche te hablaré, en sueños, de la maravilla del amor, del amor desinteresado y noble; y mañana trata de manifestar ese Amor a todos los que se acerquen a ti. Puedes empezar con una sonrisa. Te amo profundamente. Tu Ángel Guardián.

En este fin de siglo, los ángeles nos estamos comunicando conscientemente con muchos seres humanos, les estamos dando información que concierne a esta época. Ésta es la era para la que se ha pronosticado que: "los ángeles caminarán y hablarán con los hombres como ya lo hicieron en edades doradas previas". Nosotros siempre hemos servido a la humanidad y aunque ésta haya intentado olvidarnos, nuestro recuerdo ha permanecido en los cuentos, los mitos y las leyendas. Pero hoy... Nosotros queremos que nos llaméis... queremos llenaros de bendiciones... La vida de los seres humanos cambiará cuando os acerquéis a Nosotros... porque tenemos tantas cosas que compartir... Somos vuestros hermanos y os amamos... Y yo te amo a ti... profundamente... y hoy... si no estás muy cansado... me gustaría que me escribieras un pensamiento de amor... luego acomódate en mis brazos... aquí... muy cerca de mi corazón para que puedas sentir todo mi amor hacia ti. Tu Ángel Guardián.

Las personas que no creen en nosotros, que nos ignoran, que piensan que no nos necesitan porque ellos sólo se comunican con Dios, no saben que de todas formas somos nosotros quienes transportamos sus plegarias. Nosotros somos los que creamos las situaciones para que se les conceda lo que piden. Reconocer nuestra actuación no es perder la creencia en Dios; muy al contrario, es más fácil que el ser humano evolucione si nos acepta, si nos tiende su mano, porque de otra forma, se dedica a pedir a Dios cosas mundanas, cuando realmente para eso estamos nosotros. A Nuestro Padre Celestial hay que darle Amor; hay que expresarle cada día el deseo de ser mejor hijo; el deseo de hacer cada día aunque tan sólo sea una cosa para agradarle, una sola cosa para colaborar con Su Divino Plan... Esta noche te llevaré a conocer muchos lugares donde tú puedes ayudar... y en la mañana al despertar, anota en nuestro diario lo que recuerdes... Ahora... ven... deja que te abrace... que te cubra con mis rayos de amor... Te amo profundamente. Tu Angel Guardián.

Para que cada ser humano llegue a desarrollar el Amor Universal, va aceptando una parte de la Verdad que puede asimilar, de acuerdo con la edad de su alma. Cada ser existente en el Universo está en distinta etapa de evolución: en la etapa actual del desarrollo físico de tu planeta, los seres humanos han desarrollado cinco sentidos; pero al completar la evolución física en tu mundo material todos los seres humanos tendrán siete... Hay Universos, cuyos seres tienen más de 200 sentidos, por decirlo de una manera entendible para ti; hay otros que empiezan apenas con uno. En el Universo se le va dando a cada quien los medios más adecuados para su comprensión de la Verdad... Todo lo que te estoy explicando... será comprensible poco a poco... no debes apurarte... tú sólo necesitas amar a Dios en ti y en toda la gente que encuentres en tu camino... Eso es lo que es ser bueno... Recuerda que Yo no me separo de tu lado ni un solo instante... siempre te guío... Escríbeme algo si te place... Después ven... deja que te cubra con mis alas... porque te amo profundamente. Tu Ángel Guardián.

El trabajo que realizan los Ángeles Superiores, ni nosotros que guardamos a la Humanidad, lo comprendemos; porque nosotros, igual que todo en el Cosmos, estamos también evolucionando, y hay muchas cosas que trascienden nuestro conocimiento. Pero algún día, tanto tú como yo, no sólo comprenderemos sino que realizaremos esa misma labor. Cuanto más alta es la vibración de un Ser, más grande es el aura que lo circunda, porque el aura es proyectada por la luz que emana de dicho Ser. Y cada Ser habita el plano que corresponde a su vibración; puede bajar a planos inferiores, revistiéndose de la substancia de ese plano; pero no puede subir a un plano superior al que corresponde a su vibración. Todos vamos ascendiendo a medida que evolucionemos. Ven cariño mío... No te inquietes por nada... Yo Estoy para guiarte... para enseñarte lo que puedes comprender... Hay muchas más cosas que irás aprendiendo, poco a poco... hoy... mientras duermes... con mucha dulzura te llevaré a un aula de ángeles... Ahora pon tu cabeza aquí cerca de mi corazón... Te amo profundamente. Tu Ángel Guardián.

Nosotros, realmente, no necesitamos alas para volar, y no las tenemos. Sin embargo, cuando queremos ser visibles para los seres humanos, debemos revestirnos con una forma y la que usamos es la forma con que están acostumbrados a vernos. Los primeros seres humanos que nos describieron trataron de expresar la energía que fluye a través de todo nuestro cuerpo y lo hicieron poniéndonos alas. Pero nos gusta esa interpretación y por eso la hemos seguido usando, especialmente cuando nos manifestamos ante los niños. Muchas personas creen que nos han visto con alas sin que nosotros nos hayamos enterado, pero no es así, aunque así lo parezca porque así conviene para el desarrollo de esas personas; pero recuerda que siempre, siempre, siempre, para manifestarnos en un subplano del mundo físico necesitamos revestirnos de la substancia de ese subplano. Ahora... ya no debes esforzarte por comprender más... poco a poco asimilarás todo... Yo estoy aquí para llevarte con amor... no necesitas precipitarte... Escríbeme unas líneas si tienes deseos... porque yo siempre quiero escuchar tus palabras dulces... Después... ven y duerme sobre mi regazo... Yo siempre velo por ti... Te amo profundamente. Tu Ángel Guardián.

Cada alma, para poderse desarrollar en el plano físico, necesita un cuerpo físico, y ésta es la razón por la que es muy importante respetar todos los cuerpos físicos. Jamás deberás dañar el cuerpo físico de una persona, porque estarías frustrando a su alma. Jamás deberás dañar a tu propio cuerpo físico porque estarías desbaratando el propósito de tu alma y tu sufrimiento sería enorme. Cuando el ser humano, al "morir", abandona el cuerpo físico, inmediatamente se enfrenta con la vida que ha llevado; él es su propio juez; revive cada instante de su vida desde el momento en que se separa de su cuerpo hasta el momento de su nacimiento. Todo sucede en un instante, con el más mínimo detalle, porque allí no existe la estructura "tiempo-espacio". En ese momento, el ser vive todo lo que han vivido las personas a quienes ha ayudado y sufre lo que sufrieron aquéllos a quienes perjudicó. Es un momento solemne, de una soledad total, donde los ángeles permanecemos en silencio, porque esa solemnidad la requiere el alma para repasar sus hechos, para analizar cuánto bien ha sembrado en el mundo físico... Pero esto no debe angustiarte... Tú te has puesto en mis manos... permite que yo te guíe... Y quiero que tengas la seguridad que siempre te llevaré a situaciones donde puedes ayudar a otros... por eso... no te aflijas... confía en mí... Ahora anota un pensamiento para mí, tu Angel... y después... ven a mis brazos... deja que te acaricie mientras te duermes sobre mi pecho. Tu Angel Guardián.

Hay mundos donde los seres que habitan su plano físico están más desarrollados espiritual y tecnológicamente que los de tu planeta; y muchos de ellos son inspirados por nosotros para que en determinadas épocas os visiten y compartan lo que a vosotros os puede servir para adelantar en vuestro desarrollo físico, mental y espiritual. Estos seres con cuerpo físico, no son ángeles, son seres que también están evolucionando igual que vosotros. Hay otros mundos cuyos seres han progresado en su tecnología, mas su espiritualidad es baja, y muchos, por iniciativa propia, también visitan la Tierra. Sus intenciones, a veces, son aprovecharse de los recursos del planeta. Pero todo esto no debe preocuparte... nada debe preocuparte porque yo Estoy a tu lado... Lo único que debe ocupar tu atención es ser siempre mejor persona... Porque evolucionar es llegar a ser bueno... no importa la filosofía que apliques para lograrlo... Sé bueno siempre con toda vida en el Universo... Se empieza siempre en casa... sé bueno con tus padres... con tus hermanos... con tus tíos... con tus primos... con tus profesores... con tus amigos... con todos... ¿Sabes?... hoy sí me gustaría que me escribieras un pensamiento que saliera de tu corazón... Te amo profundamente. Tu Ángel Guardián.

Todo lo que sucede en el Universo es gracias a nuestra intervención. Nosotros somos los Mensajeros de nuestro adorado Padre; somos sus Constructores. Somos los que mantenemos el orden que tú ves en el Universo; si dejáramos todo a la deriva sobrevendría el caos: los planetas se saldrían de sus órbitas, chocarían unos con otros. Nada se desarrollaría: ni los minerales, ni las plantas, ni los animales, ni tú. Si nosotros no interviniéramos en la evolución de tu planeta, no es probable que se cumpliera el Plan de Nuestro Padre. Todas las formas que tienen vida son moldeadas por nosotros; así que todo lo que tú ves en el mundo físico lo hacemos nosotros primero en los planos sutiles, luego, por medio de los Espíritus de la Naturaleza, lo manifestamos con la esencia materializada. Gobernamos y convertimos las ondas o partículas que vibran en ciertos patrones en estructuras cada vez más físicas, hasta llegar a ser materia... No quiero que te canses, cariño mío, por eso dejaremos para mañana lo demás... Ahora ven... háblame tú, porque yo estoy aquí para escucharte... Quiero que me digas todo lo que te aqueja, y yo te ayudaré a disiparlo... Recuerda que te amo todos los instantes del día y de la noche... durante toda la eternidad... Y siempre te estoy abrazando y cubriendo con mis alas... Te amo profundamente. Tu Ángel Guardián.

Los seres humanos se han acostumbrado a vernos de una forma muy limitada, sólo como algo religioso, místico. Muchos creen que sólo somos figuras etéreas que alguien imaginó para adornar los altares y los árboles de navidad. Pero realmente, nuestra función es tan grande que no hay espacio en el mundo físico capaz de contener la descripción de todo lo que hacemos. Nuestra labor en la vida de la naturaleza es más bien científica. Dirigimos las leyes y los procesos de la naturaleza con métodos que están más allá de la comprensión del ser humano. Piensa en todos los logros técnicos de tu mundo físico, que no son sino un pálido reflejo de lo que nosotros hacemos en la naturaleza. Claro que también asistimos a todas las ceremonias religiosas que alaban a nuestro Creador, no importa a qué filiación religiosa pertenezca ni el lugar donde se lleven a cabo.. y te diré un secreto: ¡Es lo que más nos fascina!... porque cuando se reúnen varios seres para dedicar loores a Nuestro Padre... en los niveles sutiles... el resplandor, el color, la música que producen las personas que se entregan a Dios forman un ambiente de indescriptible belleza. Ahora, ven... acércate más a mí... Quiero que apoyes tu cabeza aquí junto a mi corazón... Quiero que sientas el gran amor que tengo por ti... Te amo profundamente. Tu Ángel Guardián.

En este tiempo que tú estás viviendo, estamos contactándonos conscientemente con muchas personas que están abiertas a nosotros, que quieren recibir los mensajes que estamos transmitiendo, personas que quieren cooperar y ayudar a sus semejantes. Estas personas no tienen que ser "buenas" de acuerdo al concepto que se maneja en el mundo material, porque muchas personas "buenas", lo son sólo en apariencia. La bondad que nosotros necesitamos es que sean tolerantes, comprensivos, amables y compasivos con sus semejantes, que asuman su responsabilidad con los reinos inferiores y que tengan apertura mental; deseo de ayudar al prójimo, deseo de aprender y transmitir lo que la humanidad necesita para enfrentarse a los cambios que se están dando; deseo de ocupar parte de su tiempo en sanar, aliviar, consolar; sin importar a qué raza, religión, nación o condición social pertenezcan los que necesiten su ayuda. A niveles sutiles, estamos preparándolos para que curen con nuestra energía, capacitándolos para que puedan llevar amor y consuelo a los dolientes, instruyéndolos para que transmitan nuestras enseñanzas... Ya hay muchos trabajando con nosotros... muchos son conscientes de ello, otros aún no lo saben... Tú también... amor mío... puedes participar activamente en esta labor... sólo dímelo... habla conmigo... Yo sé en qué rama puedes ayudar... Yo te guiaré siempre... nunca temas porque jamás te abandono... porque te amo profundamente. Tu Ángel Guardián.

....

....

....

....

....

....

....

....

....

....

....

Cuando tú cumples años, es el aniversario de la encarnación de tu Espíritu. Tu Espíritu es Dios en ti, y ese día él te inunda con bendiciones especiales; te carga con energía Divina para todo un año. Cada cumpleaños representa una nueva inundación de Luz de tu Ser, una nueva oportunidad para desarrollar tu naturaleza espiritual. Es un nuevo comienzo, y ese día todos los Seres de Luz también te entregamos muchos regalos: te bañamos con Rayos Divinos que son nuestra energía y recibes un flujo de bendiciones de cada ángel. Por eso, para ti es el día más santo del año. Los ángeles te llenamos también de la verdadera riqueza: la iluminación espiritual. De esta ceremonia, que se da en los niveles sutiles, se conserva en el mundo físico la costumbre del festejo del cumpleaños y la entrega de regalos al que los cumple. Sin embargo, con el transcurrir de los años se ha olvidado el apoyo de la tradición: Fiesta en el cielo por la afluencia de energías superiores a los cuerpos inferiores; lo que representa una mayor oportunidad del alma para tomar las riendas de su personalidad. Para que tu cuerpo físico sea más sumiso a tu Espíritu y puedas aprovechar mejor nuestras bendiciones, trata de prepararte unos tres días antes, manteniendo más pureza mental: pensando en Dios y agradeciéndole Su gran amor; y también pureza corporal: evitar en lo posible comer en exceso y purificar tu organismo ingiriendo más agua de lo habitual... Cuando llegue el día de tu cumpleaños, mantén tu atención durante un rato en los planos espirituales... trata de comunicarte con el Mundo Angelical... Acércate más a mí ese día... y si quieres... podremos compenetrarnos tanto... que con tus ojos espirituales... verás mi Mágica Presencia...

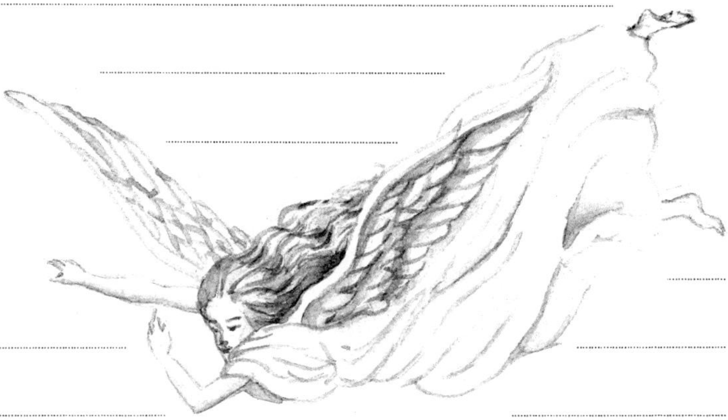

Mi querido _____

En las mañanas, cuando te despiertes, trata de agradecerle a Nuestro Creador todas Sus bondades. Enfoca siempre tu atención en las cosas bellas, que son todas bendiciones que Nuestro Padre nos da. Él nos ha dado un Universo perfecto; no existe ninguna falla en Su Creación. El mundo que tú habitas con tu cuerpo físico, es un mundo perfecto, con todo lo necesario para cada uno de sus habitantes, y si sientes que no hay suficiente para todos, se debe a que las cosas no están repartidas como Dios dispuso. Tú vives en un mundo donde tu cuerpo físico deberá adquirir la plasticidad necesaria para caminar sin tropiezos por este plano, donde deberás aprender que el planeta material y todo lo que en él existe son apoyos para tu cuerpo físico; no son la finalidad. A medida que vayas despertando tu consciencia, comprenderás que tienes que desarrollar la capacidad de lograr todo lo que quieres en el plano físico, pero no acaparar ni hacer uso de todo. Comprenderás que existen muchos grados de evolución espiritual entre los seres humanos, por lo tanto deberás ser tolerante con los menos desarrollados y respetar y aprender de los más desarrollados. Comprenderás que la capacidad de obtener bienes materiales no implica la capacidad de obtener bienes espirituales, aunque no necesariamente deberán contraponerse. Comprenderás que el amor excesivo por lo material disminuye el amor por lo espiritual. Tu experiencia en la tierra es para lograr el dominio sobre la materia; no para que la pasión por la materia te domine a ti. Comprenderás que si hay seres cuyo objetivo en esta experiencia física es reunir lo perecedero, cuando abandonen su traje físico, clamarán por una nueva oportunidad para reunir lo imperecedero.

Comprenderás que los que no tienen la capacidad de obtener la parte que les toca para sobrevivir en el mundo físico, serán los que más asciendan en los planos no físicos... Comprenderás muchas más cosas, cariño mío, y yo te ayudaré a llegar a ese razonamiento, pero será gradual... porque no quiero que te sientas abrumado... Ahora ven... toma mi mano... quiero que caminemos un rato... quiero que caminemos sobre el mundo físico... quiero que veas todo... lo que te agrada y lo que te desagrada... después quiero que anotes lo que tú quisieras que cambiara, y cómo sientes que puede cambiar... Al hacer esto, ya estarás ayudando a ese cambio, porque ¿sabes?... el cambio empezará en ti... y tú provocarás ese cambio positivo que hará que el mundo sea como tú quieres... Te amo profundamente. Tu Angel Guardián _____

Mi querido _____
(tu nombre)

Cuando te dirijas a Nuestro Padre, háblale con amor, con palabras sencillas, con tu propio vocabulario. Háblale como le hablarías al padre más amoroso, más comprensivo. Háblale para contarle todas tus alegrías, tus triunfos, tus planes, tus esperanzas, tus deseos. Háblale teniendo la certeza de que le puedes confiar todo, lo más recóndito, lo que más te entristece, lo que que más te avergüenza, lo más duro, lo más doloroso. Háblale teniendo la convicción de que jamás te juzgará, que jamás se molestará contigo ni te reclamará nada. Háblale con humildad, con devoción, con entrega, con adoración. Háblale y abrirás una puerta que permitirá la salida de Su Luz, que es Resplandor del amor, de la bondad y la comprensión. Háblale sin pedir y recibirás Sus bendiciones.

Con tus propias palabras, puedes decirle algo así: "Padre mío adorado: Gracias por este nuevo día, lleno de amor, de bondad, de manifestaciones divinas. Gracias por esta nueva oportunidad que Tú me das para acercarme más a Ti. Toda mi energía de hoy, te la entrego a Ti, Padre mío, para que cada pensamiento, cada emoción, cada sentimiento, cada palabra y cada acción que de mí salga sea una alabanza a Ti. Te ruego que Tus Ángeles me ayuden a realizar hoy, aunque sea una sola acción para colaborar en Tu Divino Plan. Yo Soy Tu hijo y te amo con todas las fuerzas de mi ser. Padre mío, hoy, Tú pídeme a mí".

Cuando pides ayuda para poder ayudar mejor, tienes doble mérito ante los ojos de Nuestro Padre, porque es doble la satisfacción que le das... Recuerda, cariño mío, que debes hablarle con naturalidad... piensa que con Él es donde verdaderamente puedes ser como realmente eres, sin artificios, sin poses, sin pretensiones... No necesitas palabras elegantes, ni oraciones elaboradas, ni aprender frases para decirlas de memoria... sólo dile lo que salga de tu corazón... Ahora ven... acércate a mí... ven a mis brazos... quiero arrullarte mientras escribes un recado de amor para Nuestro Padre... y hoy, mientras duerme tu cuerpo físico, iremos a esparcir polvo mágico con nuestras alas doradas... será amor... comprensión... tolerancia... para que todos los seres humanos se comprendan... y se amen... Yo te amo profundamente.

Tu Angel Guardián ——————

(su nombre)

Mi querido _____

El Universo sigue su camino de acuerdo al Plan que trazó Nuestro Padre. No cambiará su ruta ni variará su rumbo. Y el ser humano, deberá evolucionar en el mundo físico con autonomía en su voluntad, porque en él está el gérmen divino que deberá desarrollar personalmente, con su propio esfuerzo. Deberá encauzar su voluntad sin presión, hacia su Verdadera Naturaleza, por eso su albedrío es libre, y lo maneja de acuerdo a la edad de su alma. La confusión que existe en el mundo físico, es debido a que la edad evolutiva del ser humano no le ha permitido sentirse integrado al resto de lo que ha emanado de Nuestro Padre. Esta actitud separatista la manifiesta, a nivel personal, como egoísmo y a nivel de nación, como nacionalismo. El hombre deberá reconocer que todo procede de Dios, por lo tanto, todo tiene su raíz en Él. Mientras no se logre esto, cada ser humano actuará a su antojo, imponiendo su voluntad; comportándose como si no existiera unidad en toda la creación. Hasta que el ser humano no preste atención a los requerimientos de su alma, seguirá en su ignorancia, provocando guerras en lugar de paz; discordias en lugar de armonía; discriminación en lugar de integración; dolor en lugar de felicidad... Es necesario, cariño mío, que sepas todo esto, porque es una forma de explicarte que Nuestro Padre nos ama inmensamente y que jamás envía sufrimiento alguno a Sus hijos. Ningún ser humano está a la deriva, nace con un plan de vida; recibe el impulso cósmico para que pueda cumplir con la misión que tiene para evolucionar, y se le ofrecen varias opciones... él escoge... él es el arquitecto de su propio destino... Ahora ven... acércate más... quiero decirte cuán feliz soy porque tú, cada día estás más cerca de mí; cada vez es mayor tu contacto con el mundo espiritual, con mi mundo... Esta noche... mientras te arrulle tiernamente, iremos a enseñar a muchos seres cómo encontrar la verdadera Felicidad... cómo encontrar a Dios en su corazón... Ven... duérmete cariño mío. Te amo profundamente. Tu Ángel Guardián.

La Unidad que existe en toda la Creación, se debe a que toda la Creación forma parte del cuerpo de Nuestro Padre; es el espacio que delimitó al proyectar Su Aura cuando decidió limitarse dentro de un espacio. Por lo tanto, Todo está interconectado; Él se manifiesta en Todo porque Todo es parte de Él; y dentro de cada célula que forma Ese Todo, está Él completamente. Todo Él está completo dentro de cada célula que forma parte de Él; de la misma manera, que cada ser humano está completo dentro de cada una de sus células. Dios está, total y completamente, de igual manera, en cada célula de arriba y cada célula de abajo de Su cuerpo. Dañar una célula de arriba es igual que dañar una célula de abajo. Hay una interdependencia total en el Cosmos, entre todas las estrellas y los planetas, entre todos los planos, entre todos los reinos: elemental, mineral, vegetal, humano, planetario, cósmico, astral, mental, etc. Existe una conexión armoniosa entre todas las formas de vida: los minerales, los metales, las piedras, las plantas, los vegetales, las flores, los árboles, los animales, los aves, los insectos y el hombre. Para que exista equilibrio en el planeta, no se deben provocar desequilibrios en ninguno de los Reinos de la Naturaleza; porque si se rompe el rítmo armónico de las células de un órgano del cuerpo físico de Nuestro Padre, se rompe el equilibrio de las células del cuerpo físico del hombre.

El ser humano está ya en una etapa en la que puede comprender que Todo está interconectado, que él no está separado del resto de la creación, ni como individuo, ni como familia, ni como grupo, ni como nación, ni como raza, ni como continente, ni como planeta... Sólo tiene que elevar su consciencia y prestar atención a los Seres de Luz, porque hemos esperado durante milenios a que os acerquéis a nosotros para ayudaros a comprender muchas cosas... Ahora... cariño mío... escribe unas palabras si quieres... luego ven a mis brazos... apoya tu cabeza en mi corazón... y esta noche, mientras tu cuerpo físico se repone, te llevaré a ver la trama del Universo. Verás que todos sus hilos penden en un frágil equilibrio y comprenderás que si se viola la ley natural, todos los reinos se desequilibran... Cariño mío, te amo con toda mi alma angelical. Tu Angel Guardián.

....

....

....

....

....

....

....

....

....

....

....

....

....

....

Ana Zoobisch

Trata de pensar continuamente que tú formas parte del Todo que es Dios, por lo tanto, formas parte de todos y cada uno de los seres humanos que habitan, habitaron y habitarán tu planeta, y dentro de ti, constantemente, vibran partículas que pertenecieron a todos los reinos que existen, existieron y existirán. Para tratar de sentir que tú integras el Todo, puedes, con tus propias palabras pedirle a Nuestro Padre que te conduzca a ese estado de gracia. Tus palabras pueden ser parecidas a éstas:

"Padre mío, ayúdame a comprender que Tú vives en mí, por lo tanto Yo Soy Tú y Tú Eres Yo.

Padre mío, ayúdame a comprender que Tú vives en cada ser humano, por lo tanto Tú Eres cada ser humano y cada ser humano y Yo Somos Uno en Ti.

Padre mío, ayúdame a comprender que todo lo que yo veo y lo que no alcanzo a ver es una emanación de Ti, una Divina Manifestación de Tu Gran Amor; porque Tú estás físicamente en cada átomo que compone las formas visibles e invisibles de todos los Reinos de la Naturaleza, y si Tú Estás en mí, yo estoy en cada átomo de todos los Reinos de la Naturaleza, por lo tanto todos los Reinos de la Naturaleza y yo somos Uno en Ti.

Padre mío, ayúdame a comprender que Tú Estás en todos los Seres de Luz, y si yo Estoy en Ti, estoy en todos los Seres de Luz, así todos los Seres de Luz y yo Somos Uno en Ti.

Padre mío, ayúdame a comprender que Tú Eres la vida en toda la creación, y toda la creación es Una Sola vida. Tú Eres Todo lo que tiene vida, por lo tanto todo lo que tiene vida y yo Somos Uno en Ti.

Padre mío, ayúdame a comprender que Tú Eres la vida que anima el Universo entero. Tú Eres el Universo entero, por lo tanto todo el Universo y yo Somos Uno en Ti.

Padre mío, ayúdame a comprender que Tú Eres todo lo que existe y lo que no existe, por lo tanto todo lo que existe, lo que no existe y yo Somos Uno en Ti.

Padre, ayúdame a comprender que Tú Estás dentro de mí, y que sólo entrando en mí puedo acercarme a Ti. Ayúdame, Padre mío, a comprender que Yo Soy Tú y Tú Eres Yo".

Cariño mío... puedes leer estas frases con la frecuencia que desees; cada vez te sentirás más unido a Dios en ti y en toda vida que palpita en el Universo... Día a día, tú y yo estaremos más compenetrados... Ahora... ven... quiero abrazarte y estrecharte junto a mi corazón... Duerme tranquilamente porque yo velo por ti... Te amo profundamente.
Tu Ángel Guardián

Ana Zoebisch

Mi queridísimo _____

Esta es la última hoja de nuestro diario y el comienzo de una integración completa entre tú y yo. Ya nada podrá mermar nuestra relación: juntos estaremos las 24 horas del día. Por las noches, mientras duermes, iremos a consolar a los que sufren, a visitar y sanar a los que padecen en cuerpo o espíritu y a llevarle amor purificador a toda la humanidad. En nuestros Centros de Sanación Angélicos recibirás la enseñanza apropiada para que seas un canal de la energía universal. Es la misma energía que tú recibes a diario, solo que no has prestado atención a ella, pero gradualmente, ahora llegarás a saber que, con nuestro apoyo, puedes usarla para dar alivio a muchos que padecen malestares físicos y psíquicos. Sentirás la importancia que cobran tus manos porque son los conductores que nosotros usaremos para, a través de ti, ayudar a los dolientes y transmitirles amor. Son tus instrumentos de amor y sanación. Te llevaré a nuestras Aulas Angelicales para que cada día comprendas más las leyes que rigen el Universo, y aprenderás también a respetarlas para que seas completamente feliz. Poco a poco recibirás la sabiduría apropiada a tu edad evolutiva, porque sólo el conocimiento te conducirá a respetar toda vida en el planeta y a amar a Dios total y completamente.

Recuerda que yo siempre estoy contigo. Siempre te apoyaré y siempre te levantaré si llegaras a tropezar. Jamás te juzgaré, jamás te reprenderé y jamás me molestaré contigo. Debes tener la seguridad que siempre estoy a tu lado transmitiéndote amor, no importa que me olvides temporalmente, aunque seré más feliz cuando tú seas feliz, cuando no te apartes de mi lado y me permitas conducirte para que no te atrases en el camino, porque yo sé que sólo cuando se encuentra la ruta a casa se puede ser feliz. Lo único que pudiera entristecerme sería que alguna vez te sintieras solo; porque yo estoy siempre junto a ti amándote y con los brazos abiertos para estrecharte en mi pecho, darte consuelo y hacerte sentir que nunca estás sin mí. Siempre te estaré esperando, no importa el tiempo que sea, siempre, porque el amor tan grande que tengo por ti no me permite otra cosa que aguardar que tú también me ames a mí... Te amo con toda mi naturaleza angelical por toda la eternidad. Tu Ángel Guardián _____